2018 年国家重点档案保护与开发项目

沧桑巨变

——中华人民共和国成立前后贵港社会发展对比

贵港市档案馆 编

广西人民出版社

图书在版编目（CIP）数据

沧桑巨变：中华人民共和国成立前后贵港社会发展对比 / 贵港市档案馆编 . — 南宁：广西人民出版社，2019.11
ISBN 978-7-219-10912-0

Ⅰ . ①沧… Ⅱ . ①贵… Ⅲ . ①社会发展史—研究—贵港—现代 Ⅳ . ① K296.73

中国版本图书馆 CIP 数据核字（2019）第 240487 号

CANGSANG JUBIAN——ZHONGHUA RENMIN GONGHEGUO CHENGLI QIANHOU
GUIGANG SHEHUI FAZHAN DUIBI

沧桑巨变——中华人民共和国成立前后贵港社会发展对比
贵港市档案馆　编

责任编辑　严　颖　罗　雯
文字编辑　徐蓉晖
责任校对　廖　献
装帧设计　子　浩
责任排版　李宗娟

出版发行　广西人民出版社
社　　址　广西南宁市桂春路 6 号
邮　　编　530021
印　　刷　广西雅图盛印务有限公司
开　　本　787mm×1092mm　1 / 16
印　　张　10.5
字　　数　160 千字
版　　次　2019 年 11 月　第 1 版
印　　次　2019 年 11 月　第 1 次印刷
书　　号　ISBN 978-7-219-10912-0
定　　价　60.00 元

前　言

　　2018年是中国改革开放40周年，也是广西壮族自治区成立60周年。

　　"虎踞龙盘今胜昔，天翻地覆慨而慷。"中华人民共和国成立后，中国发生了翻天覆地的变化。尤其是改革开放以来，神州大地更是春色无边，处处焕发出勃勃生机。时至今日，中国人民已经迎来了从站起来到富起来再到强起来的历史性飞跃，比历史上任何时期都更接近中华民族伟大复兴的目标。

　　广西的变化，贵港的变化，同样如此。八桂大地民族和睦团结，荷城贵港发展欣欣向荣。焕然一新的社会面貌，有目共睹，令人惊叹不已。

　　站在前景光明的新时代的起点，回望过去的沧桑岁月，不免让人心潮澎湃，感慨万千。俗话说"百年无废纸"，任何纸片，只要经过时光长河的淘洗，都会成为珍贵的历史记录，成为后人解读当时社会发展状况的文化密码。其实不用一百年，即使是五六十年前的物件或者文献，如今看来，也足以让人感受到历史的沧桑和厚重，引发浮想联翩的"思古之幽情"。

　　加拿大国家档案馆前馆长阿瑟·道蒂（Arthur Doughty）爵士曾经说过："在所有的国家财产中，档案是最为珍贵的。它们是一代人留给另一代人的礼物，我们对它们的爱护程度标志着我们的文明程度。"一张地图，一本名册，一个通知，一纸电令，一封函件，一页登记表，一份调查报告……在贵港市档案馆的馆藏民国档案中，这些已经泛黄的纸片，向人们默默地诉说着当年的故事。从中，我们仿佛看到了渡船在郁江两岸穿梭来往，看到了农民在田野里日夜操劳，看到了码头苦力工人弯曲着身子搬运货物，看到了大批民工涌向工地修筑铁路，看到了警察在训练路人、汽车以及牛马如何习惯"靠右走"，看到了战火纷飞中，浔郁大地所遭受的前所未有的创伤……举凡民国时期贵港的政治、经济、文化、军事、交通、教育、水利、土地、基础设施建设等各方面的社会状况，都在这些斑驳的纸页上，得以栩栩如生地展示，为后人了解历史的真实面貌提供了弥足珍贵的佐证。本书选录的，只是其中极为少数的一部分档案，因此我们冠以"历史截图"的名称。

革命先驱董必武《咏档案》诗云："典谟训诰，宝之无佚；只字片言，亦所珍惜。分肌擘理，鉴貌辨色；规圆矩方，依时顺序。创业扩基，前轨可迹；古为今用，功同史册……察往知来，视兹故帙。"回望历史，是为了更好地面向未来。通过民国档案和当前社会发展现状的对比，人们可以更为直观地感受到新旧社会的沧桑巨变，更为清醒地认识到幸福生活来之不易，从而更加坚定不移地沿着今天的康庄大道阔步向前，在充满希望的新时代，用自己勤劳的双手，创造未来更为光辉灿烂的美好新生活。

贵港市档案馆

2018 年 12 月

目 录

CANGSANG JUBIAN

1

中国荷城，西江明珠

大河之滨，荷城贵港，和谐美丽。

贵港是秦朝桂林郡郡治所在地，是广西最早的行政中心，是古代"海上丝绸之路"的重要节点城市，至今已有2200多年的历史。荷花是贵港的市花，贵港素有"荷城"的美誉，贵港人民爱荷、种荷、赏荷、品荷，底蕴深厚的荷文化，千百年来在浔郁大地上生生不息，代代传承。盛夏时节，荷花飘香，满城芬芳。

贵港地处西江中游，素有西江黄金水道"金腰带"之称。随着珠江—西江经济带上升为国家战略，贵港迎来了新一轮发展机遇，"西江明珠"日益闪亮。站在新时代的起点上，回望民国以来贵港这片土地上的沧桑巨变，真可谓"天翻地覆慨而慷"。

历史截图

据档案记载，民国元年（1912年），贵县属浔州府；民国二年（1913年），撤府设道，是年7月贵县属郁江道；民国三年（1914年），属苍梧道；民国十六年（1927年）11月，属苍梧行政督察专员公署；民国十九年（1930年），属苍梧民团区；民国二十一年（1932年）4月，属梧州民团区；民国二十三年（1934年）3月，属梧州行政监督区；民国二十九年（1940年），属第三行政督察区（即第三区行政督察专员兼保安司令公署）；民国三十六年至民国三十八年（1947—1949年）改属第九行政督察区。

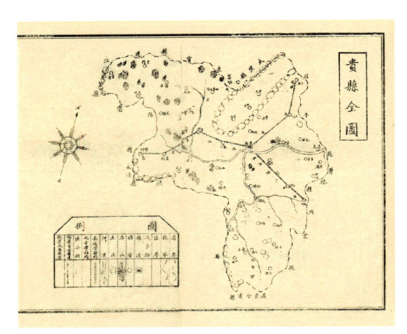

◎　民国版《贵县志》中的"贵县全图"

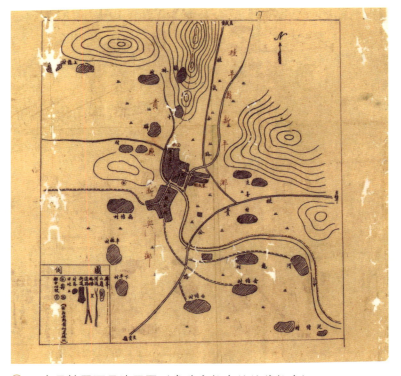

◎　贵县桂平两县边界图（贵港市档案馆馆藏档案）

另据1993年版《贵港市志》，民国初期，贵县仍沿袭清代的地图区划。至民国二十二年（1933年），全县划为八区九十乡镇。民国三十七年（1948年），县辖50个乡镇。

据档案记载，中华人民共和国成立后，贵县初期属郁林专区；1951年7月属南宁专区，同年8月属宾阳专区；1952年8月属容县专区；1958年7月属郁林专区；1971年专区改为地区，贵县属玉林地区。1988年12月20日，贵县经国务院批准撤县建市并更名为贵港市，仍属玉林地区。1993年贵港列为国家一类对外开放口岸。1995年10月27日，国务院批准县级贵港市升格为地级市。1996年6月22日，地级市贵港市正式挂牌成立。据档案记载，2016年，贵港市行政区域总面积1.06万平方公里。

今日贵港

西江贯穿贵港全境，是华南地区最长的河流，汇入珠江，直通港澳，享有"黄金水道"的美誉。这条河流冲刷出广西最大的冲积平原——浔郁平原。贵港，正是镶嵌在西江"黄金水道"上的一颗璀璨明珠。

贵港是一座具有2200多年悠久历史的古郡，也是一座充满活力的新兴内河港口城市。公元前214年，秦始皇统一岭南，设置三郡，其中桂林郡郡治就设在贵港。广西壮族自治区成立60年来，特别是改革开放40年来，在党中央的亲切关怀下，在自治区党委、政府的正确领导下，贵港经济社会蓬勃发展，欣欣向荣，城乡面貌焕然一新。1988年，贵港撤县设市，1996年升格为地级市，下辖桂平市、平南县、港北区、港南区、覃塘区，总面积10602平方公里，总人口555.71万人。

"荷叶田田千点碧，藕花冉冉满城香。"贵港素有"中国荷城""赏荷第一城"之称，是全国赏荷的好去处。每年盛夏，贵港全城荷香飘溢，荷韵悠扬，惊艳唯美。荷花的品格，高洁无私，花、叶、茎、实浑身是宝，惠泽人间而不与人争功，岁岁生长，顽强不息，蕴含着"和为贵、诚为本、干为先"的贵港精神，彰显着贵港人民"敢干、实干、苦干、善干"的新时代作风。

大江之滨，物华天宝。贵港地处广袤肥沃的浔郁平原中部，得天独厚，交通便捷，是广西重要的交通节点城市。

◉ 贵港园博园（张庆杰摄）

⊙ 贵港城北新区风光（潘金强摄）

贵港气候温和、雨量充沛、土壤含硒量高、物产丰富，是广西富饶的"鱼米之乡""中国生态富硒港"。贵港港是西南地区最大的内河港口。

纳天地之灵气，经岁月之淘洗，贵港钟灵毓秀，人杰地灵，文化底蕴深厚。巍巍西山，秀盖南天；苍苍南山，群峰环列；北帝风光，恍如仙境；龙潭公园，层林叠翠；九凌湖烟波浩渺，大藤峡滩险流急……这里是驰名中外的太平天国起义策源地，也是"翼王"石达开、史学泰斗罗尔纲的故乡。革命年代，中共广西省第一次和第三次代表大会曾在这里召开。黄日葵、谭寿林等革命先驱的英雄事迹，更是日月可鉴，彪炳千秋。

新时代，新作为，新篇章。近年来，贵港市以党建为引领，以解放思想为"金钥匙"，紧紧围绕加快建成西江流域核心港口和战略性新兴产业城的目标，不断优化营商环境，大力实施"工业兴市、工业强市"发展战略，强龙头、补链条、聚集群，经济社会蓬勃发展，欣欣向荣，人民安居乐业，民族团结、安定、和谐。"百年梦圆"的大藤峡水利枢纽工程顺利推进，广西第二汽车生产基地初具规模，大批新兴工业产业强势进驻……这座千年古城，正经历和见证着凤凰涅槃、化蛹成蝶的绚烂时刻！

"幸福都是奋斗出来的！"勤劳勇敢的贵港人民，将在习近平新时代中国特色社会主义思想指引下，继续发扬"和为贵、诚为本、干为先"贵港精神和新时代敢干、实干、苦干、善干"四干"新作风，为打造新时代实力、活力、魅力、给力"四力"新贵港，实现中华民族伟大复兴的中国梦而努力奋斗，阔步向前！

2

"贵县"变身"智慧城市"

　　民国时期，贵港称"贵县"，虽曾兴起过"拆城建街"运动，规模毕竟有限。中华人民共和国成立后，贵港百废俱兴，稳步向前。1988年，贵港撤县设市，1996年升格为地级市，下辖桂平市、平南县、港北区、港南区和覃塘区，总面积10602平方公里，总人口555.71万人。

　　地级贵港市成立以来，贵港城市建设步伐不断加快，面貌焕然一新。尤其是近年来，贵港紧抓数字经济发展新机遇，取得了优异成绩，荣获2018中欧绿色和智慧城市技术创新奖，成功承办了2018中国（贵港）绿色智慧城市发展高峰会议。未来，贵港将全力打造智慧贵港，以大数据引领幸福未来。

历史截图

　　贵港市市区古为郡、州、县治所，今为贵港市人民政府及贵城街道办所在地。三国时期属吴国，郁林郡太守陆绩筑城于今贵城南江村。唐代移城于江北，经宋、元、明、清数代，城墙几经拆修。

　　民国初期，贵城商业日趋繁盛，古城内街区狭窄，商业区遂向城外的民宅区扩展。民国十年（1921年）前后，当地乡士倡议拆城建街。民国二十五年（1936年），县长黄绍耿任内始行拆城墙，当年成立建设委员会，负责拆城建街。至1939年，先后辟建成达开路、古榕路、水源街、天平路、东湖路、怀城路、五长街、水流沟路等路段。1946年又继续修建商业街区附近的马路。建街同

民国版《贵县志》中的"贵县城厢图"

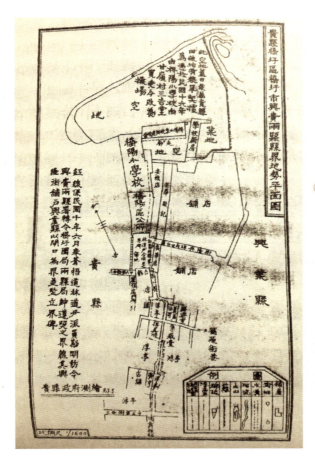

民国版《贵县志》中的"贵县桥圩区桥圩市兴（业）贵（县）两县县界地势平面图"

时，街巷两旁的铺户也随之建筑二层土木结构骑楼。当年一并建成市场及体育场、公园、卫生院等公共场所。至贵县解放前夕，古城墙已拆，仅留下大南门城楼。

今日贵港

中华人民共和国成立后，贵港的城区建设取得了辉煌的成就。据档案记载，截至2016年，贵港市中心城区建成区面积67.12平方公里，城区常住人口超55万，全市城镇化率达47.96%。

如今的贵港城区，街道宽敞，高楼林立，绿树掩映，鸟语花香，处处透露出现代化城市的气息。

在城市基础设施和城市功能不断完善的基础上，贵港市率先迈开了建设智慧城市的步伐。

智慧城市是运用物联网、云计算、大数据、空间地理信息集成等新一代信息技术，促进城市规划、建设、管理和

◉ 贵港市正逐步实现智慧城市管理模式（陈榕玲摄）

服务智慧化的新理念和新模式。

2013年8月，贵港市成为第二批国家智慧城市试点城市。2017年11月，市政府以PPP模式（政府和社会资本合作）与广西中科曙光云计算有限公司正式签约合作，智慧贵港项目建设全面启动。贵港的目标是打造广西乃至全国智慧城市建设工作的标杆。

贵港市智慧城市管理中心分为展示区和运维区，是一个集管理、展示、运维、交流为一体的综合平台。大数据平台建设六大基础库，主要是将从各部委办局获取归集来的数据进行清洗、比对、分析、挖掘后形成有效数据，为部门间业务协同办理，分级、分权限精准推送，全面实现数据互联互通、共融共享，形成统一的数据管理平台，为城市管理精细化、民生服务优化、促进产业转型升级、领导宏观决策做决策支撑，最终实现基于大数据的城市运营管理指挥中心。

智慧城市建设推动城市治理创新，是实现经济社会可持续发展的新路径、新模式、新形态。智慧市政的建设则可以对城市部件智能化监控以及事件的发现、处理、监督管理、评价考核等全周期全流程进行管理，从而提高政府服务效能。项目建设完成后，还可以全面实现生态环境精细化、智慧化管理。

智慧城市建设与市民生活息息相关。智慧城市建设以人为本，围绕老百姓的需求，立足服务市民生活、企业经营和政府管理，构建面向百姓的全程、全时的在线服务场景。不久的将来，广大贵港市民可以畅享到智慧城市带给工作、生活的便利。

从"贵县"变身智慧城市，城市建设的巨大变化，将让贵港市民的生活更方便、更舒心、更美好。

3

西南地区第一内河大港

　　民国时期，贵港的航运还处在"原始状态"。如今，这里已是西南地区第一内河大港。贵港贵港，福在西江，富贵强港。经过多年的建设和经营，贵港港正成为集交通运输、物流仓储、产业园区、货物贸易、技术研发等于一体的综合性现代化物流港、人流港、信息港、产业港、贸易港以及保税港。

历史截图

　　民国时期，贵县航道设施简陋，运力低下。郁江航道无航标设施，触礁沉船、货损人亡的事故常有发生。据档案资料记载，从1940年起至1949年止，本地沉船事故约有100多起。

　　民国二十二年（1933年）前后，县长欧仰羲、黄绍耿拆城建街，并兴建大东、古榕、下马头（棉新街）、建存、石灰巷等5个石级码头，供城乡客货上落。当年，货物装卸靠肩挑背驮为主。

　　民国十一年（1922年），有梧州英国南和洋行电船4艘，客货兼营，行驶贵梧线。民国十二年（1923年），有利记、粤强、捷成、大发、志远、民益、广昌、同昌等轮渡行驶贵梧线，客货兼运。民国十六年（1927年），贵县商人集资成立航安公司，购置拖驳渡1艘，客位50铺，载货50吨，取名航安号，行驶贵梧线，货客兼运。

　　民国二十二年（1933年），行驶贵县至南宁航线的轮船有贵益号、东湖号、大平南号等。行驶贵县至梧州线的轮船有华安号、广利通号、新业安

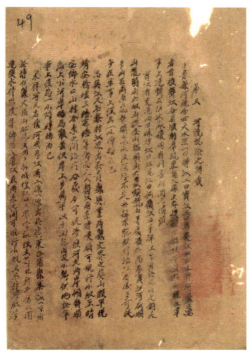

● 民国时期，《广西贵县兵要地志》调查表中关于河流航路调查的报告
（贵港市档案馆馆藏档案）

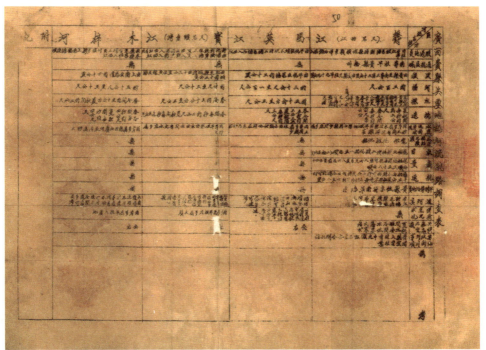

● 《广西贵县兵要地志》河流航路调查表（贵港市档案馆馆藏档案）

号、新成德号等。此外，还有行驶贵县至梧州线的帆船21艘，总载重量3170吨，贵县至邕宁线的帆船21艘，载重量4130吨。

民国二十三年（1934年），添置航发号以及新意轮和记渡各1艘，行驶贵梧线、江贵线（桂平江口至贵县）。民国三十二年（1943年），贵县全港有民船55艘，其中100吨以上的2艘。民国三十八年（1949年），县内河航运船舶有定期不定期的电船4艘，木帆船93艘，吨位拥有量为900万吨，货运量0.6万吨，航驶贵梧、贵邕线。

据档案资料记载，民国十二年（1923年）起，贵县港口货运逐步承运生猪、牛羊和农产品，经梧州穗梧线轮渡联运到广州。民国二十五年（1936年），新桂系把省内航运工具组织起来，成立航运联社，实行统一调度，贵县港便成为广西中部、北部的东出物资和粤港澳等地上溯西江河道的工业品转陆运至桂中、桂西的水陆中转港埠。

今日贵港

如今的贵港，已是西江黄金水道上的一颗璀璨明珠。

2017年，贵港全市港口货物吞吐量达6322.02万吨。至此，贵港港已稳坐西南地区内河港口第一把交椅16年。据权威部门统计数据，2018年，贵港的港口吞吐量有望突破7000万吨。

贵港港始建于1955年，位于郁江中段，是广西最早建成的水路铁路联运和重要内河港口。它是西江"黄金水道"的重要中转港，也是大西南水运出海的主通道。1993年国务院批准为国家对外开放一类口岸。2002年，贵港跻身于全国内河大港18强。2004年，进入全国内河港口13强，被交通部列入国家重点内河港名录。

1996年地级贵港市成立，贵港就确立了"以港兴市"的战略目标，将港口基础设施建设提到重要位置。2006年，贵港市对贵港港罗泊湾码头和猫儿山码头进行改造。2011年7月，罗泊湾作业区进港公路建成通车，货车从南梧公路可直达港区，铁路、公路、水路运输实现高效对接。2012年至2015年，贵港市共投资12.51亿元重点建设贵港港罗泊湾作业区20万标准箱及件杂货配套堆场和库场项目、猫儿山作业区二期工程、郁水作业区永泰码头工程、苏湾作业区一期

◉　广西北部湾港贵港集装箱码头（张庆杰摄）

工程、东山多用途泊位工程、桂平港区东塔作业区一期工程、棉宠作业区一期工程、平南港区武林港作业区二期工程等项目，建成最大靠泊能力2000吨的88个货运码头。

　　广西壮族自治区成立60年来，特别是改革开放40年来，西江航道不断升级，贵港至梧州二级航道、南宁至贵港二级航道相继通航，2013年底，2000吨级船舶可从贵港直航粤港澳。2014年7月，经国务院批复，珠江—西江经济带上升为国家战略。位于这一经济带"心脏"部位的贵港抓住机遇，顺势而为，大力改善港口基础设施，吸引更多货源来到贵港港中转。

　　近年来，贵港市以习近平新时代中国特色社会主义思想和习近平总书记视察广西重要讲话精神为指引，紧紧围绕加快建成西江流域核心港口和战略性新兴产业城的目标，大力推进港口建设。贵港港相继开通贵港至香港、珠海、广州南沙、东莞虎门港的集装箱定期班轮、转关航线和内贸集装箱班轮航线，通过广州、深圳、香港等港口将货物中转到"一带一路"沿线国家，让升级的航道发挥出更大的吸金能量。同时，贵港大力实施港产城互动发展战略，加快发展工业产业集群，加快物流产业发展，使贵港港从中转港逐渐发展成为货源港。新能源汽车、电动车产业及华电、贵钢等大型企业的陆续投产和销售扩大，成为促进港口经济发展的强大动力。

港口运输需求催旺了贵港造船业。近年来，贵港市船舶制造企业逐渐增多，技术工艺不断提高，采用分段建造的现代造船模式，最大修造能力达到5000吨级，产值占全市机械制造工业的七成以上，有效拉动了机械制造工业产值的增长。近两年来，贵港造船业向标准化、现代化进军，造船产值占广西六成以上。目前，贵港拥有船舶3500多艘、载重量460万吨，占据广西内河船舶总数的70%。

2016年10月，西江航运交易所在贵港挂牌成立，贵港市航运服务从传统走向现代。2017年8月，自治区人民政府批复同意设立贵港西江保税物流中心（B型），贵港港正成为集交通运输、物流仓储、产业园区、货物贸易、技术研发等于一体的综合性现代化物流港、人流港、信息港、产业港、贸易港、保税港。

贵港贵港，福在西江，贵在有港。作为西江经济带上一个重要的节点城市，贵港正蓄势待发，振翼欲飞！

4

闻名遐迩的"鱼米之乡"

　　贵港地处广袤肥沃的浔郁平原中部，物华天宝，得天独厚。贵港气候温和、雨量充沛，土壤含硒量高，物产丰富，是广西富饶的"鱼米之乡"。近年来，贵港市农业现代化步伐不断加快。农林牧渔业总产值、粮食总产量持续攀升。现代特色农业示范区增点扩面提质升级。成功创建桂平维军生态国家级稻渔综合种养示范区、平南石硖龙眼中国特色农产品优势区。农作物耕种收综合机械化水平大幅提升。70年前那个传统农耕时代的落后面貌，已经一去不复返了。

历史截图

　　民国三十年（1941年），贵县土地陈报调查初步测定统计，全县可耕土地195.98万亩（1亩约为666.7平方米），已耕土地125.84万亩。其中，水田75.25万亩，占59.8%，旱地50.59万亩，占40.2%，人均可耕地2.69亩。

　　清末至民国年间，贵县农民均采用旧式的传统农具和工具进行手工生产。传统的耕耙农具主要有犁、耙、刨、辘轴、锹、铲和四齿锄、二齿锄等十多种，提水工具有竹筒水车、龙骨水车、摇斗和戽斗等，收获工具有镰刀、茅刀、蔗刀、铁镘（土名"豆批"）、豆筛等，脱粒工具主要有石滚和打谷桶，农用运输以人力肩挑为主，运输工具有牛车、人力双轮车和独轮车（鸡公车）等。

　　据1993年版《贵港市志》记载，1949年，贵县全县粮食播种面积为180万亩，占农作物总播种面积的88.7%，粮食总产13746.5万公斤，平均亩产75公斤。

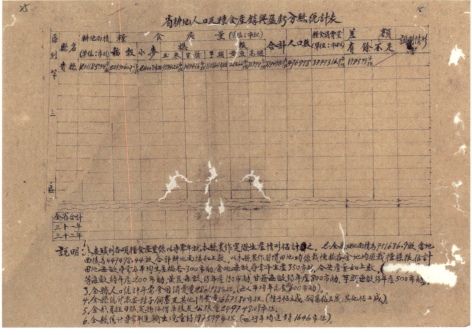

◉ 上面两张图片为1946年贵县耕地人口及粮食产销与盈亏分析统计表
（贵港市档案馆馆藏档案）

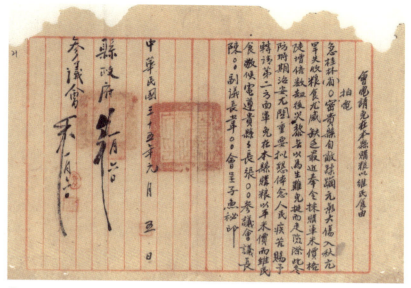

1946年1月，贵县政府、参议会关于请免在贵县购粮以维民食的报告。其中提到，由于抗战时期贵县惨遭日军蹂躏，粮食尤其缺乏，粮价陡增数倍，恳请上级免予购粮，以免引起社会治安问题（贵港市档案馆馆藏档案）

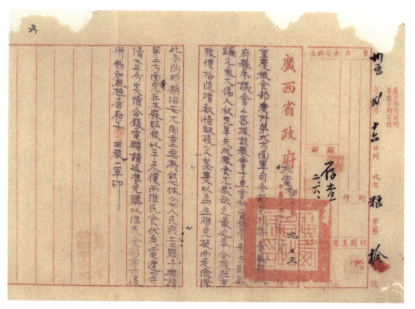

1946年2月，广西省政府准予免在贵县购买军米以维民食的批复（贵港市档案馆馆藏档案）

今日贵港

民以食为天。手中有粮，心里不慌。如今贵港的粮食生产，已经发生了翻天覆地的变化。贵港已成为闻名遐迩的"鱼米之乡"。

据《贵港日报》报道，2017年，贵港市主要农作物耕种收综合机械化水平达到60.08%，同比增长3.9个百分点；水稻联合收割机和水稻插秧机拥有量接近自治区总量的三分之一，水稻生产全程机械化继续领跑广西。

2017年，贵港市使用中央和自治区农机补贴资金3072.22万元，占上级下达全年资金总额的115.5%，补贴结算资金2860.1万元，占使用资金的93.1%，资金使用量及结算进度均排在广西前列。全市共补贴机具2406台套，受益农户2213户，销售总价9284.4万元，拉动农民投入购机资金

◉　贵港市港南区富硒农业水稻种植基地（赖柳生摄）

6212.18 万元。全市新增水稻插秧机 516 台，水稻联合收割机 700 台，无人飞机 17 台，中型拖拉机 226 台。全市大中型拖拉机拥有量逼近 3000 台，水稻联合收割机逼近 4900 台，水稻联合收割机和水稻插秧机拥有量接近全区总量的三分之一。

同时，贵港市加强农机专业合作组织等服务实体的培育和扶持，登记注册的农机合作社累计达 240 家，入社成员 3322 人，入社机具 12289 台套，服务农户近 34 万户，合作社年总收入达 2.7 亿元。2017 年全年开展社会化服务面积 45.14 万亩，比上年同期增加 5 万多亩。引进"土爸"网络平台，通过网上订单开展农机社会化服务，加速水稻生产机械化、规模化、专业化、产业化的发展。

此外，贵港市还结合富硒水稻生产全程机械化和粮食生产示范园区建设，引进和推广全世界先进的烘干机械和烘干技术，在政策上给予倾斜和支持，大力提升烘干能力。创建桂平、港北两个水稻生产全程机械化示范县（市、区），建立富硒水稻生产全程机械化示范基地 15 个，示范机播面积 7.9 万亩。新增烘干中心 24 家，新增批次烘干能力 4000 多吨；拥有烘干设备塔 267 座，批次烘干能力超过 5000 吨。机械化育秧中心数量、供秧能力和谷物烘干能力位居全区首位。

据统计，地级贵港市成立至今，粮食生产逐年攀升。2017 年，粮食产量 149.63 万吨，粮食收购量连续四年位居广西全区第一。目前，贵港市已成为全国商品粮基地和广西重要粮食主产区，并连续多年荣获全国粮食生产先进市称号。平南县荣获全国粮食生产先进县称号。2017 年，桂平市蝉联"全国粮食生产先进单位（产粮大县）"称号，成为"十二五"时期广西唯一连续 4 年获此殊荣的县（市）。

最近，贵港市又出台了《粮食生产功能区和糖料蔗生产保护区划定工作方案》。该方案明确，按照应划尽划、划好划优的原则，全面开展"两区"划定工作，用两年（2018—2019 年）时间全面完成自治区下达贵港市的 166.8 万亩粮食生产功能区（其中水稻 155.8 万亩、玉米 11 万亩）、37 万亩糖料蔗生产保护区划定任务，做到地块全部建档立册、上图入库，实现数据可核实、位置可查证。

未来，贵港粮食生产的前景将会越来越广阔。

5

"种粮大户"承包荒地

民国时期的"种粮大户"，实际上是剥削阶层的代名词。中华人民共和国成立后，特别是改革开放以来，"种粮大户"作为劳动人民的先进代表，为粮食生产作出了重要贡献。随着"三农"工作全面深入推进，贵港粮食生产形势喜人，总产量保持稳定。2018年，贵港粮食总产量147.2万吨，桂平市、港南区、覃塘区获中央财政常规产粮大县奖励。越来越多的种粮大户涌现出来，并获得各种表彰。

历史截图

据民国三十五年（1946年）贵县统计提要资料记载，全县农户依照田权计，自耕农户占62%，大半自耕农户占12%，小半自耕农户占11%。

民国时期，贵县土地为私有制，土地归私人所有，可以自由买卖、典当、租赁。典当土地者多为生计所迫的农民，买田地者多是富户、商贾。典当田地，所有权仍属出当者，使用权归承当者。当期有一年或数年的。逾期不赎则断当，所有权归承当者。典当价值视田

地条件优劣双方面议。

当时地主对农民的剥削形式主要为地租剥削，种类如下：

铁租：佃农租种地主的田地，按优劣分等定死租额，不论年成丰歉，佃农都得如数交足。所定租额一般是上等田每年亩交租谷100公斤，中等田亩交75公斤，低等田亩交50公斤。

浮租：先定死租额，后根据年成好坏，地主再临田看禾，确定上下浮动一至二成，如歉收或失收的减租，最多不

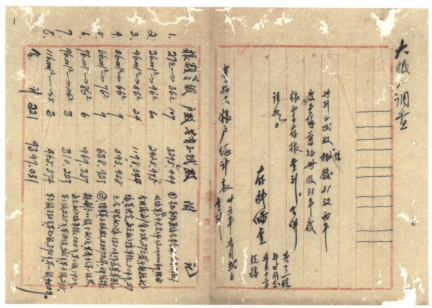

1946年5月，贵县大粮户总计表（选录一）
（贵港市档案馆馆藏档案）

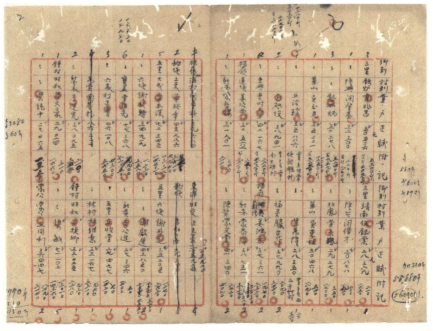

1946年5月，贵县大粮户总计表（选录二）
（贵港市档案馆馆藏档案）

超三成。

分租：即根据田地的好坏，先确定每亩年产量作基数后再按比例分配，有业主占四、佃农占六的，也有业主占三、佃农占七的，还有临田看禾定产后再议定分配比例的。

批租（或称顶手钱、押金）：佃农在租种地主田之前，先交相当于一年租额的"顶手钱"。"顶手钱"可用谷、田产作抵。如钱谷、田产、房契都无，就以自己的儿女廉价卖给地主家干活。"顶手钱"不抵田租，不退回佃农。

此外，佃农为能连续租种地主的田地，逢年过节或地主家婚嫁满月，还得送贺礼上门，地主上门，则要杀鸡杀鸭款待，如稍有怠慢，来年即另收田租。

在这种情况下，除了地主称得上所谓的"大粮户"之外，普通农民能吃饱饭就不错了。

今日贵港

近几年，由于国家鼓励土地适度规模经营，催生了一批种粮大户。这些大户有实力修建农田水利工程，改造中低产田，使得过去一些农民弃之不种的差

◉　桂平市石龙镇新村种粮大户杨伟在收割稻谷（农户承包田95%以上种植水稻）（樊超龙摄）

地也得以重生。

现在农村一家一户小规模种粮越来越少，大户越来越多。据统计，2017年，贵港市新增水稻、农机专业合作社156家，种粮大户906户。截至2018年8月，贵港全市有25个自治区级种粮大户，占全区的50%，排名广西全区第一。

港北区庆丰镇新圩村种粮大户曾允科现在种着500多亩地（其中包括30多亩撂荒地），购买了水稻种植的全套机械，从耕地、育插秧到收割、烘干，全程机械化作业。他还和其他村民一起创办了贵港市港北区正能量农机专业合作社，为周边农户提供农机作业服务。

平南县种粮大户梁勋日2018年承包了610亩水田，其中有180多亩是以前抛荒的。

桂平市南木镇洛连村种粮大户邓超勇承包的500多亩地中，也有300多亩是曾经抛荒的。据称，抛荒地比其他地每亩租金便宜100多元，改造好了，产量并不低，一亩杂交水稻能产500多公斤粮食。

1949年，贵县粮食平均亩产才75公斤，如今种粮大户承包的一亩荒地，经过改造后，亩产能达到500多公斤。在人多地少的情况下，不得不说，这是一个奇迹。

6

培育粮食加工龙头企业

民国时期，贵港的粮食加工业是非常原始和粗放的。如今人们已经深刻地意识到，粮食深加工是提升粮食科技含量和附加值的重要途径。近年来，贵港市粮食部门把培育粮食加工龙头企业作为推动产业化发展的重要举措，着力扶持龙头企业发展壮大。贵港涌现出一批全国、全广西粮食加工先进企业。

历史截图

清末民初，贵县有水碾加工大米116家，人力木榨花生油房120家。民间吃米、玉米粉，大多靠人力推磨、脚舂。

民国二年（1913年），山北里覃华昌置机制造面条，是贵县第一家面条厂。继有同利、永隆、超昌、福记等面条作坊在蒙公开业，均用人力操作，日产100至300公斤。面条除内销外，还销往迁江、来宾、横县、永淳及广东灵山。

民国十八年（1929年），民生面条厂在城厢古榕路开业，利用20匹马力柴油机作动力，配置面条全套机械设备，一条龙生产，日产250公斤，价廉物美，供不应求。

民国二十五年（1936年），首家民生机械碾米厂在县城开业。碾米厂有技师、工人20人，购买立卧式60匹马力柴油机作动力，一号横磨机加工大米，每班碾稻谷3万公斤。费用低廉，岁有盈余。继有正基、钜业、华丰隆、大生、建业、广丰、盛丰、建全和东津等大米加工厂开业，合计年加工大米5500万公斤。这些厂家主要在县城收谷，加工成大米后外销至粤港地区。农村农民吃米，还是以土法加工为主。

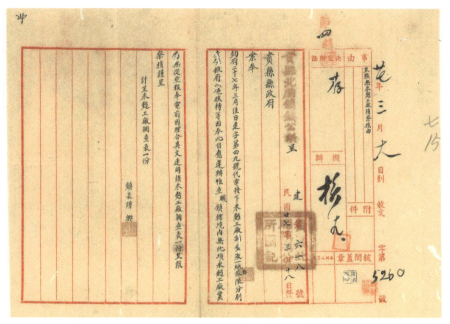

1938年3月，贵县北厢镇呈报本地无米面工厂的报告
（贵港市档案馆馆藏档案）

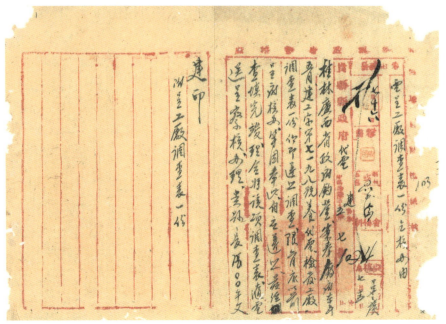

1946年7月，贵县政府呈报关于工厂调查表的报告
（贵港市档案馆馆藏档案）

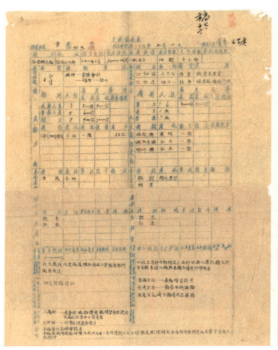

1946年7月，贵县西北镇钜业碾米厂调查表（贵港市档案馆馆藏档案）

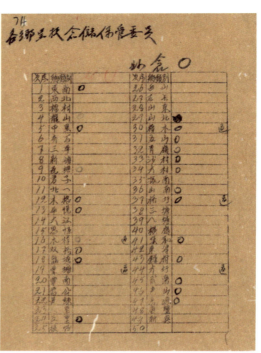

1942年，贵县各乡呈报仓储保管委员一览表（贵港市档案馆馆藏档案）

今日贵港

中华人民共和国成立后，特别是改革开放以来，贵港的粮食加工、仓储、销售等取得了长足发展。据1993年版《贵港市志》记载，1985年，贵县全县24个粮库、所均设有加工厂，有大米、油料、饲料、面条等车间43个。从业人员259人，加工大米6708万公斤，其中水磨优质米1758公斤，酒25万公斤，面条365万公斤，饲料879万公斤。工业产值1762万元，创利57万元。

近年来，贵港市粮食部门把培育粮食加工龙头企业作为推动产业化发展的重要举措，着力扶持龙头企业发展壮大。这些企业充分利用贵港地处浔郁平原的优势，大力推广富硒米种植和加工，坚持走公司+基地+农户的模式，大米加工量和销售量连年攀升。

同时，贵港市积极推进粮食流通体

◎　位于贵港市港南区的广西雄达米业有限公司生产车间（潘全强摄）

制改革，加大科技创新力度，搞活粮食购销，释放粮食加工业活力，不断提升粮食收储和供应保障能力。此外，贵港市加强基础设施建设，加快技术改造，提高名牌效应，使粮食加工企业得到快速升级换代。

据统计，截至2016年，贵港全市拥有粮食加工企业108家，粮食加工能力149万吨/年，大米年加工量30多万吨，年工业总产值达16亿元以上，打造了3家自治区级农业产业化龙头企业和19家市级农业产业化龙头企业，3家企业被授予全国放心粮油加工企业、全区大米加工十强企业。

7

打造"中国硒港"

　　贵港土壤肥沃，含硒量高。经权威部门初步检测，贵港是目前广西初测面积最大最连片平坦的富硒资源地区。2018年，贵港荣获"全国富硒农业示范基地"称号，"中国硒港"的影响力正在日益扩大。而在70年前，贵港的绝大多数人根本不知道硒为何物。

历史截图

　　民国时期，贵县盛产稻谷、玉米、豆类、狗尾粟和大小麦等粮食作物，有甘蔗、花生、芝麻、麻类、棉花、烟叶、茶、果、桑、蔬菜等种类繁多的经济作物及园艺作物，还有数量可观的薯类、芋头等诸种杂粮。

◉　1941年2月，《广西贵县兵要地志》第十三节"物质（杂粮）"，提到贵县各类农产品每年均可向外输出，只有棉花产量不够全县供应（贵港市档案馆馆藏档案）

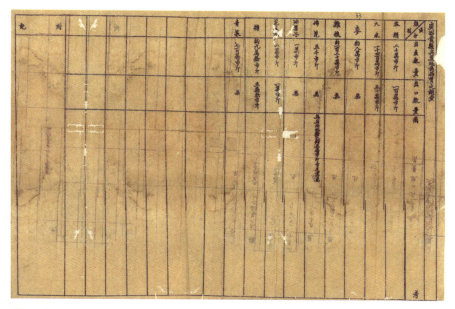

◉ 《广西贵县兵要地志》关于各类农产品产量的记载
（贵港市档案馆馆藏档案）

今日贵港

贵港市70%以上的土壤基本达到富硒土壤的标准，被誉为"中国生态富硒港"。如今贵港的农业生产，正致力于打造富硒产品品牌。

近年来，贵港市依托优质天然富硒资源优势，以建设"中国硒港"为目标，以市场需求为导向，聚力开发富硒产业，在各级党委、政府高度重视，有关部门合力推进、龙头企业示范带动下，走出了一二三产业融合的富硒农业发展道路。截至目前，全市已有60多家企业、合作社参与富硒农产品生产示范基地建设，创建了80多个富硒农产品生产示范基地，全市富硒农产品生产示范基地总面积达5万多亩，覆盖水稻、茶叶、中药材、水果、禽蛋、水产等优势产业。全市有37家企业共47个农产品获得广西富硒农产品认证，认证数排全区首位。其中26个产品获得了中国名优（特色）硒产品称号。

◉ 贵港市民在参观富硒农产品展览（潘全强摄）

　　贵港市还积极推进农业供给侧结构性改革，发挥富硒土壤面积6678平方公里以上的优势，加快富硒农业大规模、大面积发展。港北区创建了千亩连片富硒优质稻产业示范区，港南区引进了投资10亿元的布山谷（澳门）富硒产业园、冲口屯观光农业园等项目，推动富硒农业精加工、出品牌、增效益，种出了创收致富、长寿幸福新"硒望"。收获季节，港北区千亩连片富硒优质稻产业示范区的富硒稻比普通稻亩增收300元左右。在港南区桥圩镇，全镇有百岁以上老人23位，每10万人中有百岁老人19人，是国家长寿之乡标准的2.7倍。

　　2018年10月30日，经过中国农业技术推广协会富硒农业技术专业委员会专家组评定，同意授予贵港市"全国富硒农业示范基地"称号。当天，贵港市与中国农业技术推广协会签订推进全国富硒农业示范基地建设战略合作框架协议。而在第五届世界硒都（恩施）硒产品博览交易会上，贵港市富硒鲜米、富硒黑米、富硒红米、富硒毛尖等11个产品还获评为名优（特色）硒产品，获奖数量占全国获奖总数的10.68%，排名广西第一。

　　贵港市正朝着打造"中国硒港"的目标大步向前。

8

甘蔗"双高"基地成就"甜蜜事业"

贵港盛产甘蔗，素有"糖城"的美誉。贵港地势平坦，日照充足，雨水充沛，非常适合种植甘蔗，发展糖业条件得天独厚。近年来，贵港市紧紧抓住广西糖业"二次创业"的历史性发展机遇，解放思想，主动作为，以提质增效为突破点，着力推进"双高"基地建设，成效显著。和70年前相比，如今的贵港人民才真正体会到了什么叫"甜蜜"。

历史截图

贵港市的甘蔗生产，历史悠久，早在清雍正年间已有大量种植。清末至民国年间，贵县的黄糖远销省内外，其中苏湾糖尤为驰名。民国《贵县志》载："糖蔗俗称竹蔗，生产地为苏湾附近，冬季糖厂林立，每年糖之产量平均估产约逾五百万斤。"

民国二十四年（1935年），广西省政府于罗泊湾建成日榨蔗300吨的小型糖厂1间，促进了甘蔗生产的发展。种蔗区域由苏湾扩展至横岭、三塘、八塘、新塘、瓦塘、樟竹、陆村、西山、震塘、南平、登龙桥、三合、小江、旺岭、旺华、东山等地。面积由5000多亩增加到6万多亩，产糖20多万担（100斤等于1担）。

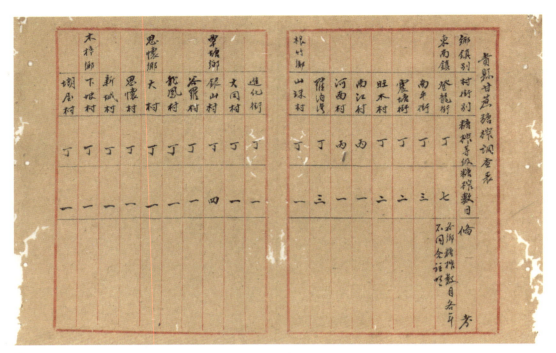

◉　1941年，贵县甘蔗糖榨调查表（节录）（贵港市档案馆馆藏档案）

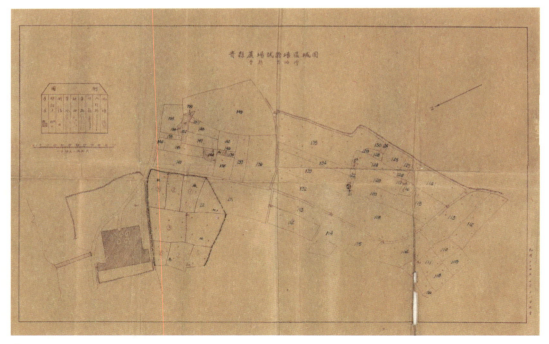

◉　贵县罗泊湾蔗场试验场区域图（贵港市档案馆馆藏档案）

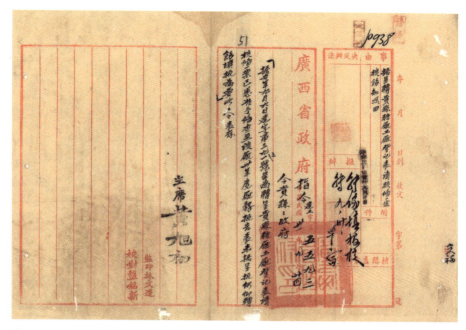

1942年，广西省政府关于贵县糖厂工厂登记表准予备查并填报1941年度厂务报告表的批复（贵港市档案馆馆藏档案）

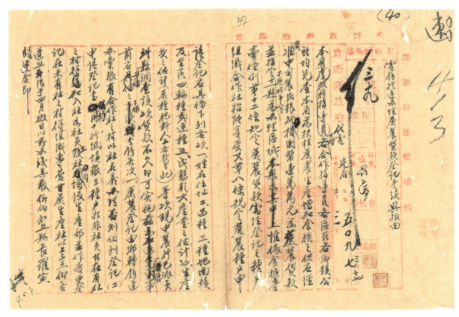

1944年3月，贵县政府关于催速办理蔗农贷款登记手续具报的通知（贵港市档案馆馆藏档案）

今日贵港

20世纪80年代末期，贵港市的制糖业一跃成为具有现代化先进水平的全部机械化、自动化的大生产，生产效率、经济效益成倍以至百几十倍的提高，从而使贵港被誉为"广西糖城"。

近年来，贵港市按照中央和自治区有关糖业发展的决策部署，围绕降本增效、转型升级，培育发展新型经营主体，重点推进"双高"基地建设，加快推动蔗糖业高质量发展。目前，全市蔗糖业已形成以甘蔗制糖、造纸为主业，综合利用制糖副产品生产酒精、轻质碳酸钙、有机复混肥、益生菌等多元化产业集群。2017年，全市蔗糖业总产值达20多亿元；2018年上半年，贵糖集团工业产值5.96亿元，同比增长5.82%。

（一）以提质增效为突破点，推进"双高"基地建设。贵港市紧紧抓住广西糖业"二次创业"的历史性发展机遇，解放思想，主动作为，以提质增效为突破点，着力推进"双高"基地建设。截至目前，已实施"双高"基地片区95个、面积8.4万亩，超额完成自治区下达的任务，其中56个片区共6.4万亩的种植规模化、水利化、良种化、机械化等工作已竣工验收。2018年，全市建设任务2万亩，目前已全部进入实质性施工阶段。预计到2019年，贵港市可全面完成自治区下达的8万亩建设任务。

2015年以来，贵港市鼓励支持新型经营主体——项目业主通过自筹资金建设基地，已经实施的95个"双高"基地片区项目全部采取"业主先建、政府后补"的模式，有效解决了项目推进中遇到的各种问题。通过让利新型经营主体，采用"制糖企业+基地+种植大户""专业合作社+基地+农户""农业公司+基地+农户"等模式，确保"双高"糖料蔗种植面积持续增加。目前，全市共有78户甘蔗种植大户与贵糖集团、甘化集团签订合作协议，有6家农业公司、23家专业合作社参与甘蔗发展，直接带动2万多户蔗农种植14万亩甘蔗。广西欣盛农业开发有限公司建设经营的樟木镇邓保"双高"糖料蔗基地，面积达到3300亩。

（二）加大服务力度，将资源向基地集中。针对农村地块零碎分散的问题，贵港市成立了新型经营主体——村级农业服务公司，由村委会牵头，把各家各户的土地流转到村服务公司，再由服务公司统一对外招租，解决了农业企业有项目、技术和资金，却没有连片土地承载项目的问题，实现了"双高"基地建设片区用地由原来"人等地"向"地等人"的转变。据统计，从2015年起，贵港市"双高"基地建设主阵地覃塘区先后成立了87个村级农业服务公司，流转打包了7万亩用于"双高"基地建设，其中樟木镇25个行政村全部成立了村级农业服务公司，流转打包土地3万亩。

针对"双高"基地斩蔗难问题，贵港市已成立甘蔗生产机械化专业服务队15个，专门为"双高"基地提供耕种收服务，机械化作业面积占"双高"基地总面积的60%以上。

贵港市还制定激励政策，鼓励支持企业和经济能人参与"双高"基地的建设，对完成基地建设并达到标准要求的，按100元/亩的标准给予项目业主一次性奖补，并优先安排"双高"基地建设配套资金和"双高"基地建设工作经费，优先向"双高"基地倾斜农机购置补贴、机收机种补贴等。

（三）充分发挥企业主动性，实施甘蔗种植订单化。贵港市鼓励企业加大投入，支持和引导企业参与"双高"基地建设。2015年以来，全市制糖企业累计投入1.6亿元用于"双高"基地建设。贵糖集团、甘化公司还出台了对

贵港白玉蔗
（张庆杰摄）

"双高"基地的建设奖扶措施，对新建的"双高"基地，企业按550元/亩的标准给予项目业主奖补，激发了农业公司和种植大户参与"双高"基地建设的热情。据了解，甘化集团蔗区"双高"基地及甘蔗种植规模专业户的种植面积达4万多亩，占蔗区总种植面积的50%以上。目前，贵港市有规模种植专业户240户，比2015年增加了80户；专业户种植面积6.1万亩，专业户种植面积占蔗区种植面积约17%。

贵港市鼓励制糖企业通过订单的形式，积极参与"双高"基地建设，加大合作社和种植大户支持，通过与蔗农签订购销协议书，垫付定金，向合作社和种植大户优惠提供种苗、肥料、农机等物资，确保蔗农旱涝保收、增产增收。目前，全市50%的甘蔗种植面积实行订单化模式。

（四）信息化融入蔗糖链条，推动产业转型升级。贵港市以加快转变经济发展方式为主线，坚持信息化带动工业化，工业化促进信息化，加快走新型工业化道路步伐，传统制糖企业实现了"脱胎换骨""凤凰涅槃"，成为市场上具有一流竞争力的新型经营主体。

贵港市规划建设粤桂（贵港）热电循环经济园，推动贵糖集团整体搬迁入园。园内的日榨10000吨甘蔗热电循环糖厂项目，采用亚硫酸法澄清生产一级和优级白砂糖，系统内同时配套原糖生产工艺流程，可实现亚硫酸法白砂糖和原糖生产的灵活转换。在技术装备方面，以绿色技术为核心，实现制糖厂数字化、网络化和智能化，集成应用次高压蔗渣锅炉及高效汽轮发电机组升级改造、甘蔗翻板卸蔗及自动除杂系统、无核榨蔗量测量系统、榨机高效分散驱动技术、膜物理澄清过滤技术、糖蜜自动稀释系统、白砂糖成品在线检测系统和全厂自动控制系统等，建立一条甘蔗制糖绿色生产关键技术与系统集成的产业化示范线，大幅降低生产能耗、物耗及用工等运行费用，减少生产过程对环境的污染物排放。贵糖新糖厂将实现具有国内先进水平的全程智能化生产和控制，信息技术与生产管理深度融合，将有力推动企业降本增效，提高劳动生产率，实现糖业二次创业发展。

甘化集团加快了技改步伐，于2017年投入1.2亿元建设新热能中心。该项目设备先进，融入了信息化管理方式，热效率高达87%以上，处于广西领先水平，并于2017/2018榨季建成投入运行。该公司还以提高甘蔗加工品附加值为创业点，将信息化手段融入科研程序，自主研发了百桂堂膜法红糖和嘉鸿益益生菌两大高附加值的产品，现已全面投放市场。

"双高"基地的建设，将使贵港制糖业的"甜蜜事业"越来越红火。

9

传承弘扬荷文化

　　贵港自古盛产莲藕，贵港新、旧八景中的"莲塘夜雨""东井渔歌""东湖荷燕"均与荷有关。风姿绰约的荷花深受贵港人民喜爱。在贵港出土文物中发现的历代各种类型的莲花纹瓦当，是广西有史以来最为丰富、年代最早的。这充分说明了贵港荷文化历史的悠久。民国时期，贵港人民已经有了送荷的有关产品参加展览的意识。中华人民共和国成立后，特别是近年来，贵港市深入挖掘荷元素，大力弘扬荷文化，发展荷产业，荷文化品牌效应日益彰显。

历史截图

　　民国时期，贵县西北镇今属贵港市港北区贵城街道。贵港市种藕历史悠久，以贵城池塘所产者最佳。品种有白花、淡红花二种。

　　贵港以种白花藕为主。白花藕叶柄粗大，叶片厚，藕身肥大，皮呈虾肉色，节间长，呈筒形。每支4至6节，长1米多，重一般2至3公斤，较大的达4至5公斤。其特点是淀粉多、藕丝少，煮食口感粉糯松软，清香可口，百公斤莲藕可加工淀粉9公斤，田、塘皆宜种植。清明播种，立冬收获，生长期200多天。

　　淡红花藕叶柄细长，叶片小而薄，藕身粗大，节间短，呈腰鼓状，藕皮猪肝色，每支4至5节，长1米左右，重一般2至3公斤，较大的4至5公斤多。百公斤藕可加工淀粉8公斤。淡红花藕煮食口感甜脆爽口，品质稍逊于白花藕。

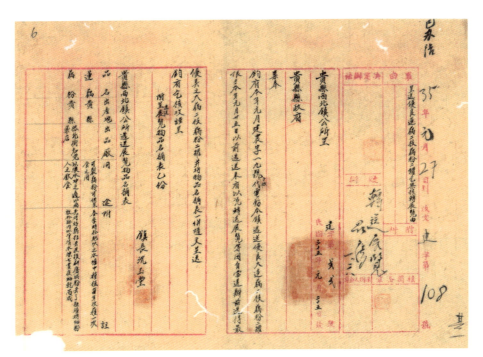

○ 1946年1月，贵县西北镇公所关于选送优良莲藕2枝、藕粉2罐参加农产品展览的报告（贵港市档案馆馆藏档案）

今日贵港

荷花是贵港的市花。贵港素有"中国荷城"的美誉，种荷历史可远溯到汉代，荷文化积淀深厚。据了解，全世界1300多种荷花，贵港辖区内就有800多种荷花、200多种睡莲。贵港已成为长江以南种植荷花品种最多的城市。

贵港的荷景，四季可赏，春有"小荷才露尖尖角"之朝气，夏有"接天莲叶无穷碧"之壮美，秋有"藕如儿臂鲤鱼肥"之厚实，冬有"暂谢铅华养生机"之内敛。贵港市民种荷、赏荷、颂荷、爱荷，"荷乡"情怀已经成为贵港的独特基因。

为了传承与弘扬荷文化，发展荷产业，贵港市从2014年开始，着力培育"荷城"城市品牌和"和为贵"文化品牌，连续举办了四届荷花展。2015年，贵港市委、市政府出台了《关于加快推动荷文化发展的实施意见》，实施"荷文化传承工程""荷元素融合工程""荷产业发展工程""荷品牌推广工程"四大工程，助推贵港荷文化特色品牌建设。当年，贵港入选央视新闻微博"全国十大最佳赏荷地好去处"榜首，以及新浪网评选的"国内十大最浪漫赏荷地"。

2018年6月26日，第32届全国荷花展览在贵港市隆重开幕。本届荷花展览的主题为"我芳香2000年，只为等你来"，活动时间为6月至10月。在此期间，贵港市精心策划举办一系列荷花展示及荷文化交流活动，其中包括壮族魔幻杂技剧《百鸟衣》演出、"2018幸福跑——贵港站"马拉松赛、百名文化名家代言、写荷画荷颂荷书画展等丰富的文化大餐。

本届全国荷花展览以贵港园博园作为主会场。主会场被打造成"盛世展览环、滨水休闲环、湿地体验环、品种科普环和精品体验线"四环一线模式，分设"花舞迎宾、荷韵欢歌、翠亭唱莲、荷咏孝节"精品荷花展点，还划分广西地市展区、北方城市展区、南方城市展区、港澳台及海外城市展

⦿ 2018年6月26日，第32届全国荷花展览在贵港园博园盛大开幕。图为开幕晚会现场（谭晓军摄）

区，让观众全方位地感受贵港"千荷争艳"之美。分会场包括覃塘区荷美覃塘景区、港南区四季花田生态观光园、贵港新世纪广场、民族文化公园等众多景点。

中国首部荷文化"情景集"——大型浸透式情景诗画《荷城往事》在开幕式上惊艳亮相。《荷城往事》利用浸透式表演的形式为荷花展览开幕献上一场精彩的视觉盛宴，通过影像音乐的搭配，多媒体影视故事与现场舞台歌舞融合，让观众身临其境，如置身于梦幻中，把贵港的人文风采、天文地理、人间四季、精神风貌向全国观众展示。整场表演用"风、情、缘、梦"四个篇章贯穿四幕，以千年荷城和万古荷韵作为序曲和尾声，形成有机的表演结构和幕间的故事叙事主线。整场表演以代入式的表演手法引导观众观演，使观众达到初识贵港、走进贵港、爱上贵港、留在贵港的身心感受和震撼唯美的视觉体验。

10

翠贯浔郁，森林荷城

　　贵港自古以来就是林木茂盛之地。远古时代，大秦帝国在岭南设置桂林、象郡、南海三郡，桂林郡（郡治在今贵港）以树为名，源于当时桂树成林，郁香迷人。民国时期，贵港曾开展过森林资源调查。中华人民共和国成立后，特别是近年来，贵港市大力开展创建国家森林城市活动，园林绿化美化景观提档升级，城市生态环境更加宜居，广大市民享受到更高品质的城市生活。2018年，贵港荣获"国家森林城市"称号。

历史截图

　　据民国版《贵县志》记载，民国年间，贵县境内有各种林木约8000至9000万株（占地50万亩左右）。北面的莲花山脉，西面的镇龙山脉，南面的六万山脉，大都长着较茂密的天然林。林木分布于怀东、怀西、怀南、怀北等地，估计有松、茶约3000万株；郭南六里严岭至四里洋七桥，有松700至800万株；北山里三岔山北至照镜山约有松、杉、茶、桐、桂400至500万株；思笼一里横岭肚一带有松约500至600万株；北山中里诸村有松、杉约200至300万株；其余各里松、杉之属，约有3000至4000万株。综计全县林木不满1亿株。

　　民国时期，贵县群众每年农历正月、二月间，习惯在房前屋后、村边路旁植树造林，故有"正月种竹、二月种木"之说。抗日战争时期，贵县县政府提出"逢山造林"的口号，曾以民团（男壮

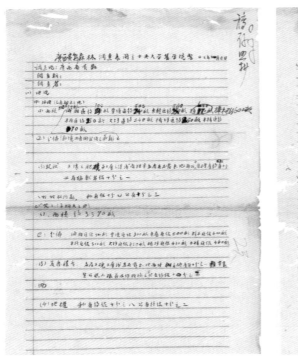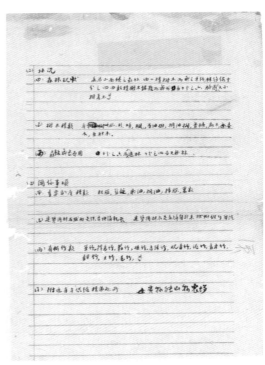

◉ 1934 年 11 月，国立中央大学农学院制《广西贵县森林调查表》，主要内容包括地矿、
林况等（贵港市档案馆馆藏档案）

◉ 续上表

◉　续上表

丁）为主打穴（挖坎）植桐，未获成功。

民国二十四年（1935年），广西省政府颁布植桐办法规定共15条。其中第一、二、三条规定：各县政府应就现县有林场，或另选定植桐点，从民国二十五年（1936年）起，县政府每年植桐3000株，乡（镇）每年植桐2000株，各村（街）公所每年植桐1000株。

贵县政府于同年10月21日，颁布了县植桐办法。办法规定：（一）凡区、乡（镇）、村（街）公所需植桐场地，除依照省颁布县励行植桐办法第五条规定外，并由各区、乡、村（街）公所报请县政府派员共同勘测，划清界限，插签标明，以杜纠纷。（二）各级公有桐场已锄翻之林行间空地，如各公所不种杂粮，应免租招人种植，以尽地力。乡（镇）桐场空地，允许附近五里内居住的群众有优先承种权，承种间期至少两年，多则三年，其耕作与收益作物时不得损及桐树。（三）各级公有桐场每年秋季均需开好防火线，防火线要求宽20至30市尺。场中还应就天然地势加开防火线，防火线宽10至15市尺。

据民国三十六年（1947年）贵县政府建设科统计，全县有桐场20个，植桐面积1495亩，有桐5790株。桐场面积最大的是三里乡（今覃塘区三里镇）成达分公司桐场。该场位于三等山麓一带，面积1000亩。较小的桐场面积仅2至3亩，有桐树不到10株。

今日贵港

2018年10月15日，国家森林城市建设座谈会在深圳市召开，贵港市被国家林业局授予"国家森林城市"光荣称号。这是当年在贵县调查森林情况的调查者们做梦也想不到的事情。

贵港自古森林茂盛。今天的贵港，更是拥有桂平西山、太平天国金田起义遗址、龙潭国家森林公园、平天山国家森林公园等四个国家级景区，以及东湖公园、千年古刹南山寺等一批自治区级风景名胜区。2014年1月，贵港市按照创建国家森林城市总体规范，围绕"翠贯浔郁，森林荷城"主题，大力推进"创森"工作，构建全市城乡一体绿色生态圈。

贵港市委、市政府着力推进森林进城、绿色通道、绿色家园、城郊森林环城等四大工程，重点抓好公园绿地建设和社区绿地建设；加强贵港辖区河流两岸水土保持林、水源涵养林和护堤护岸林的种植，对贵港城区通往周边城市的主干道进行生态加密和提升改造，加强贵港市高速公路、国道、省道与铁路的绿色廊道建设；通过开展创建"广西森林城市"等系列评选活动，在城乡推进单位庭院绿化；在贵港市城区周边依山傍水建公园绿地，形成城区绿色保护屏障，并不断延伸。

四大工程已见实效。现在，新世纪广场、东湖公园、南山公园、马草江生态公园、民族文化公园、园博园等成为市民休闲娱乐的好去处。在旧城改造中，政府鼓励和引导临街单位及房地产开发商投资建设新旧社区绿地，使市民出门就踏足休闲绿地。2018 年，贵港市城区绿化覆盖率已达 40.56%，以港北区为中心，以路网为纽带，水网林网相通的城乡一体化城市森林生态廊道已经形成。

广大市民热情参与义务植树，为建设森林荷城而努力。据《贵港日报》报道，近年植树节期间，贵港市义务植树年均超过 600 万株，大部分街道、小区、学校、路旁、村屯、河岸原来黄土裸露的地带已变成草木芬芳的绿地。

山上造林工作有力推进，环境绿化全面覆盖。自 2014 年以来，贵港市累

◉　"城市绿肺"——贵港市民族文化公园（周开强摄）

计完成山上造林面积64.03万亩，完成退耕还林工程46万亩，石漠化综合治理面积达7.1万亩。目前，贵港市林业用地面积51.76万公顷，森林面积40.99万公顷，活立木蓄积量2429.74万立方米。

"美丽贵港·生态乡村"村屯绿化专项活动，使全市村屯农户房前屋后、路旁池边基本实现绿化。2014年至2017年，贵港市共投入8638.4万元，完成村屯绿化7313个，其中自治区级示范村屯505个，一般村屯6808个。港南区湛江镇平江村，是贵港市村屯绿化的典范。2015年，平江村村民谢树昆等四人通过合资流转3000多亩土地，从种植荷花开始，逐步打造出"春看桃、夏品荷、秋望葵、冬赏樱"的赏花观光区和10多公里的"迎客树"长廊，树林间常现虎纹蛙、松鼠、蛤蚧、山鸡等野生动物身影。2017年，平江村被评为"全国美丽宜居示范村"。

自"创森"以来，贵港市有9个单位荣获广西"森林八创"系列称号，桂平市西山镇前进村、港南区湛江镇平江村和覃塘区蒙公乡新岭村获"全国生态文化村"荣誉称号，港北区庆丰、平南县大新等31个乡镇获评自治区级生态乡镇，平南县官成镇章逻村、港北区奇石乡奇石村等152个自然村获评自治区级生态村，438个自然村获评市级生态村。

2017年，贵港市的森林覆盖率为46.42%，比2014年的46.2%提高0.22个百分点，人均公园绿地面积14.96平方米，城市重要水源地森林覆盖率80.41%，村庄林木绿化率32.61%，水岸林木绿化率82.8%，道路绿化率82.37%，整个城市面貌焕然一新，林立的高楼、恢宏的广场、宽阔的道路掩映在绿树中，乡镇、农村溪河蜿蜒、山清水秀，森林城市正在为实力、活力、魅力、给力"四力"新贵港增添魅力。

11

圆梦大藤峡

从晚清到民国，建设大藤峡水利枢纽工程一直是贵港人民的梦想。这个梦想在中国共产党的领导下终于得以实现。目前正在建设的大藤峡水利枢纽工程，位于珠江流域西江干流黔江段大藤峡峡谷出口处，下游距桂平市区6.6公里。大藤峡水利枢纽工程集防洪、航运、发电、水资源配置、灌溉等综合效益于一体，是珠江流域防洪控制性枢纽工程和重要水资源配置工程，被称为珠江上的"三峡工程"。建设大藤峡水利枢纽工程，是贵港人民的"世纪梦想"。

历史截图

民国《贵县志》载："南岸地势平衍，沃野广阔，近山农田多凿池蓄水备旱。北岸多山，地势倾斜，水源易涸，率就溪筑陂，以资灌田。"灌溉形式有导流以灌，激潭以灌，围泉以灌，凿井以灌，造塘贮水。

据不完全统计，中华人民共和国成立前，贵县全县共有池塘陂坝水利1.5万多处，灌溉面积约12万亩，占水田面积的13.6%，其中旱涝保收田5万多亩。

晚清同治年间，桂平城厢进士周溯贤在仔细考察了桂平城郊黔、郁两江沿岸地势后，写成《弩滩马流滩开渠议》一文，建议浔州府桂平县当局"在黔江之弩滩（即今大藤峡出口处，大藤峡水利枢纽工程坝址处）、郁江之马流滩（即今天桂平航运枢纽工程处）各开筑石渠一道，引大河之水分流于小河，而于小河之下筑石闸储水，以旁通各乡"。

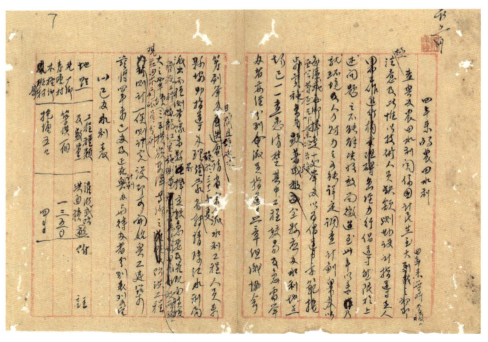

○ 1939 至 1944 年，贵县历年水利建设统计表（贵港市档案馆馆藏档案）

他预言，这一工程如能实施，必将"春夏水涨，闸门不闭，任水宣泄；天旱时齐上闸板，使水盈满，旁引而支分之，则无处不利，无田不滋。如此，二里（指姜里、军陵里，即今南木、寻旺）之田皆可变瘠为利，其利可胜言哉！"

20世纪初，孙中山在《建国方略》中提出"改良西江"、建设西江水利枢纽的设想，工程包括"自三水至梧州""自梧州至柳江口""自浔州至南宁"等。他提出，要修大坝，便于大船通行，还要能发电。

大藤峡水利枢纽工程，由此成为贵港人民的"世纪梦想"。

○ 20世纪40年代反映贵县农田水利概况的文件（一）（贵港市档案馆馆藏档案）

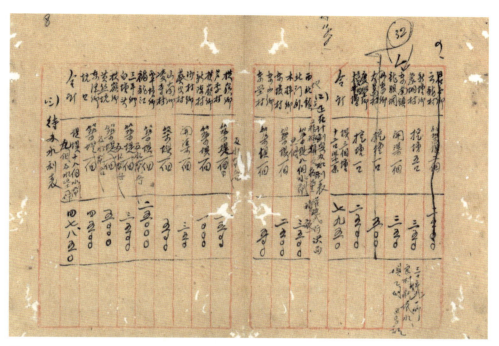

20世纪40年代反映贵县农田水利概况的文件（二）（贵港市档案馆馆藏档案）

今日贵港

中华人民共和国成立后，贵港市的蓄水工程，以郁江为界，分布在南岸的有大型水库——武思江水库，灌溉面积30万亩，有中型水库2座（岭蒙、茶山），小（一）型水库8座，小（二）型水库10座；分布在北岸中北部的有大型水库——平龙水库，灌溉面积15万多亩，西部和北部地区有中型水库4座（三渌、九凌、云表、甘道），小（一）型水库16座，小（二）型水库35座；分布在东部和东北部的有大型水库——达开水库中、西干渠，设计灌溉面积22万多亩，有小（一）型水库6座，小（二）型水库12座。西北部的古樟、振南等地所建的蓄水工程较少。

近年来，贵港市统筹谋划、科学规划、务实作为，把水利建设作为改善农业生产、提高农业综合生产能力、促进农民增收的根本措施来抓，扎实推进冬春水利建设，夯实农业基础设施。

各地建立了由当地党委、政府领导任指挥长的冬春水利建设指挥机构，充分发挥政府在编制规划、筹集资金、体制改革和机制创新、组织发动等方面的主导作用，及时制定方案，全面部署冬春水利建设工作，结合贵港市的实际，提出了具体建设目标和任务，组织实施"农村人饮安全工程攻坚年""水库除险加固工程攻坚年"和"水利项目竣工验收年"等活动，并层层发动，分解细化任务，制定印发实施方案，将各项指标任务下达到各县（市、区）具体实施。同时，贵港各地建立健全目标管理责任制，层层落实责任。

贵港市不断加大公共财政对水利的投入力度，各级政府充分发挥财政投资水利主渠道作用，保障水利项目前期工作经费投入，及时、足额落实地方配套资金，落实从土地出让收益中提取 10% 专项用于农田水利建设。加强资金的整合和统筹安排，以县（市、区）为单位，整合土地整理、农业综合开发、扶贫开发、"一事一议"等专项资金，实现水利投资效益最大化，同时加强管理，加大考核力度，确保质量到位。

据档案记载，2016 年，贵港市水利部门以把握稳中求进的总基调，围绕

◉ 大藤峡水利枢纽工程建设工地（高瞻摄）

稳增长、促改革、调结构、惠民生、防风险的总要求，以水利项目建设为抓手，促进水利改革发展，全市争取到中央和自治区水利建设项目104项，安排计划投资3.1亿元，完成水利水电固定资产投资6.61亿元，占自治区水利厅下达任务6.5亿元的101.69%。防汛抗旱、水资源管理、重大水利工程建设、民生水利建设、水利制度改革、水行政执法等工作全面推进。

尤其让人欢欣鼓舞的是，2014年11月15日，大藤峡水利枢纽工程全面开工建设，圆了贵港人民"世纪之梦"。

大藤峡工程坝址位于珠江流域西江水系的黔江河段大藤峡峡谷出口处，控制流域面积19.86万平方公里。大藤峡水利枢纽工程是国务院批准的《珠江流域综合利用规划》和《珠江流域防洪规划》确定的流域防洪控制性工程，也是广西实施"双核驱动"战略的重大基础设施项目，在打造"西江亿吨黄金水道"、促进珠江—西江经济带发展方面发挥着重要作用。这项投资额达到300亿元人民币的浩大工程，将造福珠江流域民众，并开启珠江—西江经济带建设新的篇章。

大藤峡水利枢纽工程的开发任务以防洪、航运、发电和水资源配置为主，兼顾灌溉、生态保护等综合利用，受益方涉及广西、广东和澳门三地，综合效益显著，公益功能十分突出。项目主体工程建设期9年。项目建成后，水库正常蓄水位61米，防洪起调水位47.6米，总库容34.79亿立方米，防洪库容15亿立方米，电站装机容量160万千瓦时、年发电量60.55亿千瓦时。规划灌溉面积136.7万亩，并改善农村147.6万人的生活用水条件。

12

大力推进郁江两岸综合整治项目

民国时期，贵港水患频繁。中华人民共和国成立后，水患得到了有效治理。目前在建的郁江两岸综合治理工程是贵港打造全国"园林城市"的重大民生项目。上游起于贵港航运枢纽大桥，下游止于罗泊湾大桥，北岸以人民路为界，全长7.4公里，南岸以滨江大道为界，全长6.5公里。工程沿河岸两端共设计分成民族文化段、生活休闲段、生态涵养段三大景观主题，包括南江古码头、廊堤观澜、大南门、鲤鱼廊桥、礁石长滩、碧岸花海、大秦遗风、码头新天地、雨水花园、南望独山等十个景点。贵港这座具有2200多年历史的古郡新城，正在焕发着新的生机。

历史截图

民国时期，郁江两岸以及郁江贵港段主要支流武思江、瓦塘江、鲤鱼江、东堂江两岸，历遭洪水为患，受灾面积约25万亩。

民国九年（1920年），在附城南江最早建冲夹堤。堤高11米，长120米，保护面积215亩。

1932年，建石冲堤，堤高11米，长70米，保护面积220亩。

至1949年，贵县全县共建防洪堤22座，保护面积达3万亩，其中水田1.6万亩，旱地1.35万亩，可垦荒地500亩。全部防洪堤均无闸门装置，如遇洪水即用打桩和木板相拦，仅防外患，且防洪能力很低。最大的防洪堤是新塘边岸的红坭堤，保护面积4800亩。其次是东津的思冲堤，保护面积1600亩。保护面积最小的防洪堤是塘

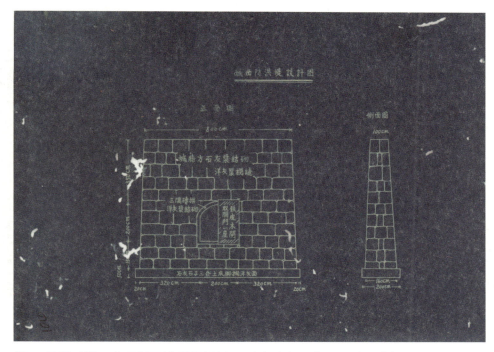

◉　民国时期，贵县城西防洪堤设计图（贵港市档案馆馆藏档案）

隅堤，保护面积 120 亩，其余各堤的保护面积均在 300 至 500 亩间。防洪堤最长的岑里堤有 4000 米，另有黄村堤 800 米。

今日贵港

根据档案资料记载，截至 1976 年，贵县境内修复和新建的防洪堤有 158 座，并全部配置了闸门。防洪堤全长 49 公里，保护耕地面积 21 万多亩，人口 4.45 万人。

其中，防洪堤最长、保护面积最大的是鲤鱼江防洪堤，保护耕地面积 5.5 万亩。其次为东津的画眉堤，保护耕地面积（水田）1.5 万亩。防洪堤最高的是东津冲口堤，堤高 19.045 米。

在结构方面，画眉堤、团结堤为浆砌石结构，其余均属土堤。在防洪能力方面，鲤鱼江防洪堤按 50 年一遇的洪水设计，其余均按 20 年一遇洪水设计。

◉　贵港郁江两岸综合整治项目工地（张庆杰摄）

如今的贵港，正在大力推进郁江两岸综合整治项目。郁江两岸综合治理工程项目采用PPP模式建设，总投资20亿元，包含郁江两岸综合整治工程和郁江北岸堤路园片区综合治理工程2个子项目。郁江两岸综合整治工程南北两岸均自罗泊湾大桥至西环路，总面积约373万平方米（含水体面积）；建设内容包括景观工程、7个5人制足球场及相关建筑等，投资15亿元。郁江北岸堤路园项目主要建设沿江道路、绿化、防洪堤等，投资5亿元。

郁江两岸综合整治项目是贵港市委、市政府响应"海绵城市"建设，完善城市功能、改善城市环境、提升城市品位、提高市民生活质量，打造全国"园林城市"的重大民生项目，对于打造新时代实力、活力、魅力、给力"四力"新贵港，加快建成西江流域核心港口和新兴工业城市具有重要意义。

13

羽绒之乡，温暖小镇

民国时期，桥圩在广西已经小有名气。如今的桥圩镇是贵港市东南部政治、经济、文化、交通中心，是港南区中心镇，地理位置优越，交通便捷。桥圩镇先后被评为自治区小康示范镇、自治区工贸强镇、中国羽绒之乡、全国重点镇。其羽绒产业闻名海内外。目前，桥圩镇正以主题温泉度假为核心，致力于打造集游憩休闲观光、生态文化养生、商务会议度假、高端生活居住于一体的综合体验区。

历史截图

据民国版《贵县志》载，民国时期，贵县有大小圩镇46个，其中县城、覃塘、桥圩、大圩、石龙（今东龙）地处交通要道，圩镇建设较快，成为赶圩人数较多和住户稠密的集市。

民国二十二年（1933年），贵县全县划为8个区90个乡镇。其中桥圩区辖13个乡，分别为桥圩乡、三塘乡、永华乡、龙安乡、靖安乡、集和乡、八塘乡、津南乡、津安乡、钟村乡、东岭乡、横岭乡、震华乡。

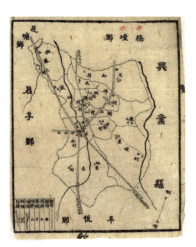

◉ 1945年贵县桥圩乡地图
（贵港市档案馆馆藏档案）

民国三十七年（1948 年），贵县辖 50 个乡镇，其中桥圩乡辖 8 个村，分别为振南村、振兴村、徐潮村、青垌村、永华村、都灵街、南平村、长李村。

今日贵港

今天的桥圩镇，已经成为闻名遐迩的"中国羽绒之乡"。全镇人口 12.1 万，是港南区中心镇。

2017 年，港南区桥圩镇被评为"中国优质羽绒生产基地"，成功入选全国第二批特色小镇；2018 年，桥圩镇获评"港南区脱贫攻坚先进集体""港南区土地和房屋征收工作先进单位"等一系列荣誉，并入选第一批自治区创新小镇培育名单。

因原材料丰富，20 世纪 80 年代中期，桥圩镇羽绒产业逐渐兴起，最初只是家庭作坊式的分散经营，生产单一原料毛产品。2017 年 9 月，面对激烈的市

◉ 桥圩羽绒产品闻名遐迩（张庆杰摄）

场竞争，当地9家主要羽绒企业整合组建成广西桥圩小荷羽绒制品集团股份有限公司，生产的羽绒被、羽绒服饰等多元产品日益受到市场青睐。据《贵港日报》报道，2017年，桥圩镇羽绒产业产值达47.36亿元，羽绒品牌数上升为6个。

随着创新能力的增强，当地企业成立羽绒研究院，研发自主产品，打响自主品牌，并成功发掘羽绒的蛋白质纤维开发价值，从中提取氨基酸等物质，制作口服液、面膜、羽毛粉等产品，远销欧美、日本、韩国等国家和地区。

除了羽绒外，温泉也是桥圩镇的一大特色。2017年经国家旅游局审批，桥圩镇的铜鼓湾温泉度假区入选《2017全国优选旅游项目名录》。目前，度假区温泉泡池区、游客中心和假日酒店等项目已经基本完工，不远的将来，专为长者设立的"敬老泉"、极具民族保健功效的"壮药温泉区"、适合商务人士的"企业秘汤温泉"等温暖主题景点将逐步开放，满足不同游客的需求。

据统计，2017年，桥圩镇完成财政收入1.24亿元，同比增长9.8%；实现规上工业总产值34.76亿元，同比增长22.2%；农民人均纯收入12929元，同比增长7.8%。

未来，桥圩镇将加快推进羽绒文化展会中心、科技创业园、电子交易平台中心、羽绒检测中心、仓储物流中心等"温暖小镇"核心项目建设，推动羽绒业转型升级，促进当地经济更好更快发展。

14

打造广西第二汽车生产基地

　　不用说民国时期，就是在前几年，贵港的汽车工业也仍然为零。近年来，贵港市大力实施"工业兴市、工业强市"发展战略，全力打造广西第二汽车生产基地，汽车产业集群初步形成。贵港市加大以商招商和产业链招商力度，精准发力，全力引进汽车产业及配套零部件项目，逐步形成功能完善、配套齐全的汽车产业链体系。预计到2020年，已落户项目全部建成达产后，可形成大客车5000辆、中巴车1.5万辆、轿跑车5万辆、SUV和MPV40万辆、专用车4.5万辆的年产能，并形成新能源汽车零部件20万套的配套产能，将实现千亿元汽车产业、千亿元产业园区"两个千亿元"目标。

历史截图

　　民国时期，贵县的汽车工业为零。政府公务汽车及私人汽车均为外地购买，并经轮渡托运到港。

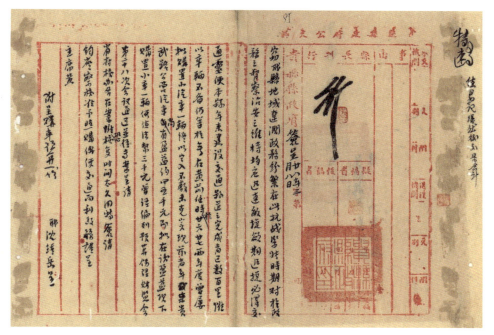

1939年3月，贵县政府关于呈请购置汽车一辆以利交通的请示
（贵港市档案馆馆藏档案）

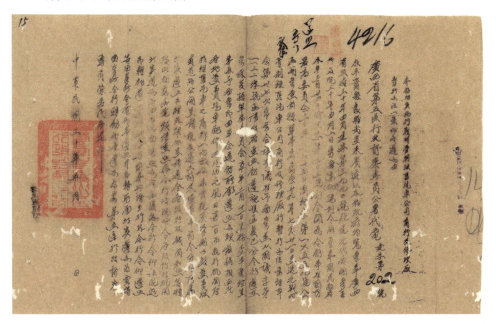

1941年5月，广西省第五区行政督察专员公署关于切实施行战时管制经售
汽车公司商行及修理厂暂行办法一案的通知（贵港市档案馆馆藏档案）

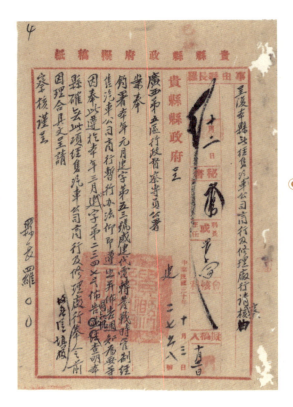

1941年10月，贵县政府关于贵县无经售汽车公司商行及修理厂行的报告
（贵港市档案馆馆藏档案）

今日贵港

　　根据抗战时期的战时调查报告，当时的贵县并没有销售汽车的公司和商行，也没有汽车修理厂行。所用汽车均需从外地购买。如今，随着广西华奥汽车制造有限公司的成立，以及大批新能源汽车制造企业的进驻，贵港的汽车制造产业从无到有、风生水起。贵港已经成为广西重要的新能源汽车生产基地。

　　2015年，华奥汽车决定从吉林长春整体搬迁到贵港。该项目总投资80亿元，主要生产大中型新能源客车、轿跑车和吉普车。项目全部投产后，将形成年产5000辆大客车、1.5万辆轻型客车、5万辆轿跑车和20万辆SUV吉普车的规模，年产值将超过500亿元。

　　华奥汽车从正式签约建厂，到实现新能源客车整车下线，仅用了9个月时间，创造了项目建设的"贵港速度"，这个速度在国内汽车制造行业中也是罕见的。

华奥汽车是广西壮族自治区成立60年来，特别是改革开放40年来，广西和贵港工业发展的一个缩影。

近年来，贵港市委、市政府根据习近平总书记"五个扎实"新要求，紧紧围绕"五位一体"总体布局和"四个全面"战略部署，团结带领全市各族人民，围绕"13446"工作思路，大力实施"工业兴市、工业强市"战略，转方式调结构，创新引领产业升级，在强龙头、补链条、聚集群上下功夫，全力打

造广西第二汽车生产基地，新能源汽车产业风生水起，前景光明。

为了改变粗放、高耗能工业发展的落后面貌，从2015年起，贵港市紧紧抓住"一带一路"建设的机遇，连续4年开展解放思想大讨论，全市上下求变思变、谋求发展，坚决打赢经济翻身仗的思想空前统一，以思想持续大解放促进工业大发展的良好局面逐步形成。

为了优化营商环境，贵港市先后开展"企业服务年""企业服务量化年""市长服务企业接待日"活动，着力打造"金牌"服务。在这个背景之下，以华奥汽车为代表的新能源汽车产业集群

◉ 贵港华奥新能源汽车生产线（黄孝邦摄）

相继落户贵港，带动了贵港新兴工业的发展，使贵港工业实现了从建材、冶金、制糖、板材、电力"老五样"到新能源汽车和电动车、电子信息、生物制药"新三篇"的华丽转变，开创了贵港工业发展的新纪元。

继华奥汽车之后，总投资92亿元的腾骏汽车、总投资20亿元的久久星专用车、投资5.5亿元的荷美新能源专用车等一批新能源汽车项目相继落户贵港。此外，中国—东盟新能源电动车生产基地也集聚了爱玛、绿源、宇峰等75家整车生产及配套企业。新能源汽车产业"洼地"迅速形成，为贵港打造广西第二汽车生产基地奠定了坚实的基础。

在不久的将来，华奥、腾骏、久久星、战神、荷美等已落户项目全部建成投产后，可形成大客车5000辆、中巴车1.5万辆、轿跑车5万辆、SUV和MPV 40万辆、专用车4.5万辆的年产能，并形成新能源汽车零部件20万套的配套产能，实现工业总产值近千亿元。广西第二汽车生产基地全部建成后，年产值将超过2000亿元。

现在，在贵港市区路上跑的公交车有一半以上、出租车有9成以上是新能源汽车。"贵港人坐贵港制造的公交车，幸福！"这条标语在网上频频被刷屏。

当前，贵港全市各族人民正以更加坚定的决心、更加执着的干劲、更加务实的作风，在加快建成西江流域核心港口和战略性新兴产业城的征程上阔步前进。

贵港迈进高铁时代

　　和汽车工业一样，民国时期，贵港的铁路记录为零。如今，贵港已是高铁环绕的城市。高速铁路大大加快了沿线人员、物资、技术、资本、信息的交流与流通，并形成新的经济发展产业群，有利于产业结构调整，有利于富余劳动力的分流，对于促进工业化、信息化、城镇化具有重要的战略意义。迈进高铁时代的贵港，迎来了重大的发展新机遇。

历史截图

　　民国时期，贵县并无铁路通车。湘桂铁路修筑时，在贵县成立柳南段工程管理处第六总段办事处，并征用大量民工修路。

　　民国二十五年（1936年），国民政府交通部开始与湖南、广西两省协商兴建湘桂铁路事项。翌年4月，在湖南衡阳成立了湘桂铁路工程处，湘桂铁路建设工程正式启动。

　　1937年，抗日战争全面爆发后，为了打通华中地区与西南地区的交通通道，同时也为了今后打开通往越南的国际路线，适应战时的经济、军事需要和粉碎日军对我国的战略封锁，交通部和湘桂两省达成了加快修建湘桂铁路的共识。

　　湘桂铁路分成衡（阳）桂（林）段、桂（林）柳（州）段、柳（州）南（宁）段、南（宁）镇（南关）段四段施工。各段成立工程处（局），在湘桂铁路股份有限公司理事会统一领导下管理铁路建设有关事宜。施工方法以招商发包为主，结合民工承包，推行征工、征料、征地筑路的办法。

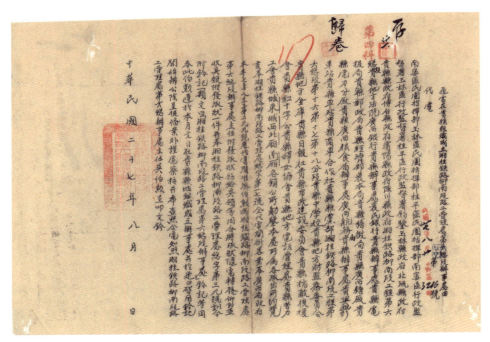

◉ 1938年8月，关于在贵县组织成立湘桂铁路柳南段工程管理处第六总段办事处的通知（贵港市档案馆馆藏档案）

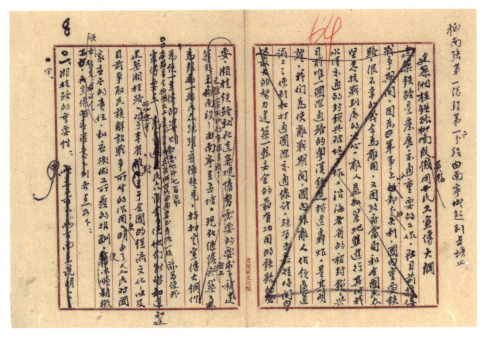

◉ 建筑湘桂铁路柳南段贵县征用民工宣传大纲（贵港市档案馆馆藏档案）

湘桂铁路的柳南段，原由民国二十七年（1938年）3月组建的柳南段工程处下属的六个工务段负责施工，并于6月开工。8月，柳南段工程处合并到桂南段工程局。因受战局影响，柳南段工程时筑时停，直至抗战胜利也未能全线建成通车。到民国三十年（1941年）9月才建成柳州至来宾段，而来宾到南宁段，则迟至中华人民共和国成立以后才建成通车。

贵港市境内的黎（塘）湛（江）铁路路段于1954年9月开工，1955年竣工通车，北接湘桂线，南至广东湛江。境内全长66公里，沿途经过黄练、覃塘、根竹、附城、贵城、八塘、桥圩、湛江等8个乡镇。自北往南分设居仕、黄练、覃塘、根竹、贵港、八塘、桥圩7个火车站。1956年7月1日建成交付使用的贵港火车站坐落在城区，是市内最大的火车站。

今日贵港

2014年12月26日，南广高铁全线开通运营。贵港从此迈进了高铁时代。

南广高铁跨越桂、粤两省区，始于南宁东站，经过广西宾阳、贵港、梧州，广东云浮、肇庆、佛山至广州的广州南站，线路全长577.1公里，其中广西境内349.8公里，广东境内227.3公里，全线设车站23座。贵港境内设贵港、桂平、平南3个站。

南广高铁的开通，使贵港融入了以南宁为中心的"1小时经济圈"、以广州为中心的"3小时经济圈"，不但使人们的出行方式发生了巨大的变化，也为贵港的又好又快发展带来了千载难逢的重大历史机遇。

随着时空距离拉近、区位优势凸现、经济发展环境改善、承接产业转移机会增多、旅游商贸发展势头更加强劲、人才和技术流动更加便捷，贵港的"高铁经济"将成为新的经济增长点，推动经济社会不断向前发展。

未来，贵港将根据自身特点进行战略定位，调整优化空间布局，推进区域一体化发展，促进产业链及资源共享和优势互补，实现差异化发展；改造提升传统优势产业，发展战略性新兴产业，形成产业集群，提升区域竞争力；进一步加大招商引资力度，优化投资环境，推进工业园区建设，打造承接产业转移的平台；密切与珠三角等重要经济体的

◉ 经过贵港城区的动车（曹宇政摄）

联系与合作，积极融入，主动对接，加快发展。

在旅游方面，贵港将高起点编制旅游发展总体规划，主动与沿线城市联合，加大宣传营销力度，汇集食、住、行、游、购、娱为一体，提升服务质量和水平；进一步加大旅游资源整合力度，积极打造旅游产业联盟，加强旅游标准化管理，推进旅游公共服务体系建设；加快推出系列化、精品化的旅游产品和线路；完善旅游硬件建设，不断丰富服务内容、创新服务方式、拓展服务领域、优化旅游环境，努力提升旅游品质。同时，加大旅游宣传促销力度，通过多种方式开展旅游形象宣传，吸引更多的游客来贵港休闲旅游。

在城市交通方面，贵港将做好轨道交通、公路客运、城市公交等交通的线路规划和站点设置，使城市交通的站点设置与高速铁路站点充分衔接，完善地方配套设施；做好高铁与周边地区的交通对接，推进区域经济一体化，并以此为纽带，优化城镇布局，加快生产要素的流动，实现区域和城乡统筹协调发展；高标准建设高铁车站，使之成为提升城市形象的重要名片。同时，大力发展临站经济，积极发展商业服务、娱乐休闲、商务办公、创意产业等现代服务业，推进城市多功能经济区的形成。

高铁具有很强的聚集作用，能够带来大量的人流。随着综合交通运输体系建设以及合作多赢格局的形成，"一带一路"、南广高铁经济带等重大发展历史机遇，必将为贵港未来的发展带来更大的"高铁红利"。

16

三桥飞架南北

民国时期，贵港地区南北两岸交通殊为不便。从依靠小木船横渡郁江，到一座座现代气派的大桥连接江南江北，多少代贵港人的梦想，终于在今天成为现实。新大桥的正式通车，实现了贵港南北、西北城区无缝连接，城市两岸发展空间得到提升拓展、城市容量迅速增大，同时有利于贵港市合理调整、配置城市产业布局和各类基础设施，大大优化了城市格局和完善了城市功能，为打赢经济翻身仗奠定了坚实基础。

历史截图

民国时期，贵县范围内桥梁多为历史遗留下来的古桥以及公路桥梁。据1993年版《贵港市志》记载，民国时期，贵县公路桥均为石板桥、砖桥或木板桥，勉强能通行一辆汽车。1939年后为抵抗日军侵桂，桥梁、涵洞破坏殆尽。较坚固的湛江石拱桥也曾拆毁。抗日战争胜利后，1945年修复公路时，架设简易木桥。1949年贵县有公路桥梁19座，总长539.69米。

贵县城区南北两岸为郁江阻隔，过江需搭乘渡船。

1945年7月，贵县政府关于请路局捐拨汽轮车渡来贵县的函
（贵港市档案馆馆藏档案）

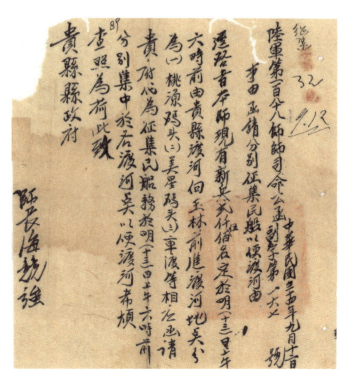

1945年9月，国民革命军陆军一八八师司令部关于请贵县政府分别征集民船以便渡河的函
（贵港市档案馆馆藏档案）

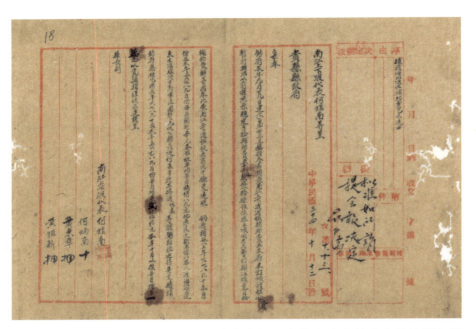

◉ 1945年10月，贵县南江上下渡代表何煜南等呈请贵县政府续请增加渡船费的请示（贵港市档案馆馆藏档案）

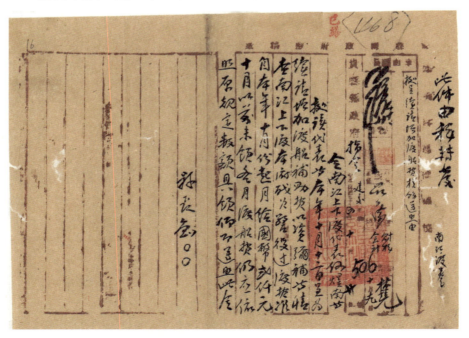

◉ 1945年10月，贵县政府对何煜南等呈请增加渡船费的批复（贵港市档案馆馆藏档案）

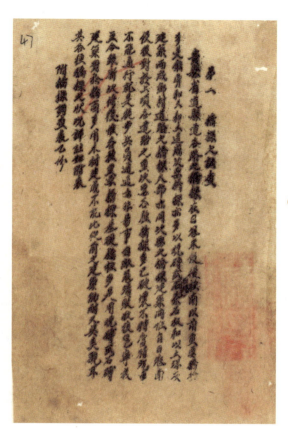

◉ 民国时期,《广西贵县兵要地志》调查表关于贵县桥梁的调查报告
（贵港市档案馆馆藏档案）

今日贵港

1978年3月17日,西江大桥动工兴建,并于1981年5月竣工通车。

西江大桥总长786.3米,其中主桥6孔,每孔净跨65米。南岸引桥10孔,除1孔为26米外,其余9孔每孔净跨16.6米;北岸引桥8孔,每孔净跨16.6米。桥面宽18米,其中车行道14米,两侧人行道各为2米。设计洪水频率为百年一遇。主桥为钢筋混凝土箱型拱,引桥为钢筋混凝土曲拱。桥两头引道总长2210.19米。其中南岸长1697.19米,北岸长513米。

改革开放以来,贵港市社会经济迅猛发展,车流量、载重量也成倍增长。近年来,西江大桥已不堪重负,加上年久失修,经多次检测发现,西江大桥

◉ 贵港青云大桥（郭晓枫摄）

"百病缠身"，存在多处病害，桥梁质量被列为不合格等级。

2015 年，贵港市委、市政府决定启动西江大桥维修加固工程，投资 4200 万元对全桥桥面系结构、裂缝及缺陷混凝土、主桥 65 米箱板、江北侧引桥及跨径 26 米引桥和江南侧引桥、景观亮化等进行更换和改造。

2017 年 10 月 28 日，西江大桥进行全封闭维修加固，并于 2018 年 8 月 1 日恢复通车。西江大桥是广西范围内西江中游第一座公路大桥。将近 40 年来，

西江大桥成为连通贵港城区南北两岸的主要通道，见证了贵港的历史与变迁，更是承载着几代贵港人的乡愁。

2017 年 7 月 18 日，罗泊湾大桥建成通车。大桥位于西江大桥下游 2 公里处，北接同济大道下穿铁路工程，自江北东路、登龙桥路交叉口沿江北东路至江边，跨越郁江、南湖至江南大道。罗泊湾大桥为自锚式悬索大桥，全长 2944 米，主桥宽 39 米，由北引桥、主桥、南湖桥和南引桥组成，双向 6 车道。大桥以荷花为设计灵感，把荷花、

花柄、莲蓬以独特的方式融入桥梁设计中，桥塔设计为荷花造型，主塔顶端就是一朵盛开的荷花，荷花造型的桥塔与荷城贵港相呼应，外形简洁明快，寓意美好。

2018年7月1日，继罗泊湾大桥之后，青云大桥全线通车。青云大桥作为贵港城区西南大道的组成部分，横跨郁江，起点为迎宾大道，终点位于江南大道，线路全长5220米，其中青云大桥长1280米，道路部分长3940米（含鲤鱼江大桥220米）。主桥桥面宽36.5米，引桥面宽30米，为双塔双索面预应力混凝土边主梁钢横梁斜拉桥，是亚洲斜拉桥史上首次采用这种新型结构形式的桥梁，桥面铺装采用10厘米改性沥青混凝土，主跨长度280米。

罗泊湾大桥、青云大桥的正式通车，实现了贵港南北、西北城区无缝连接，城市两岸发展空间得到提升拓展、城市容量迅速增大，同时有利于贵港市合理调整、配置城市产业布局和各类基础设施，极大地优化了城市格局，完善了城市功能。

三桥飞架南北，郁江两岸的桥梁史，生动地诠释了贵港翻天覆地的发展变化。

17

交通秩序优化提质

　　民国时期，"靠右行"还是"靠左行"，对贵港的城市居民来说还是一个烦恼的问题。如今的贵港人民，正在为创建全国文明城市而努力。在创建文明城市的过程中，贵港市针对市容环境"脏乱差"、交通乱象、出租车服务意识淡薄、马路、市场、建筑工地等问题，开展了"十二大专项整治行动"，执法力度显著加大，并辅以"揭短""亮家丑"等媒体曝光手段，明显改善交通秩序，市容市貌焕然一新。2018年，在自治区文明城市实地测评中，贵港市得分排名广西第一。

历史截图

　　1945 年以前，中国汽车一律是靠左行驶的。这是因为当时的中国主要是英国势力范围。抗战胜利后，美国汽车开始大量进入中国，"左驾车"一举占了数量优势，国民政府由此下令从 1946 年 1 月 1 日开始，汽车一律靠右行。为了适应这一变化，贵县政府对县城的交通秩序进行了整顿。

　　民国时期，贵县无公路管理机构，有关车辆管理、司机管理、行车取缔、行车事故处理、汽车牌照、司机执照等业务均直接由广西省公路管理局车务科负责。行车管理和违章取缔等具体工作由县境内的罗泊湾、覃塘、桥圩、雷神等车站执行。

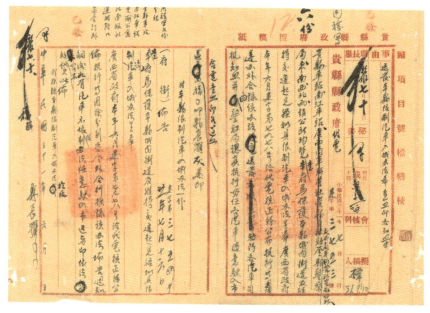

● 1942年7月，贵县政府关于送发贵县限制汽车入城办法的通知。
  限制汽车入城，目的是"保护城内街道及维持交通"
  （贵港市档案局馆藏档案）

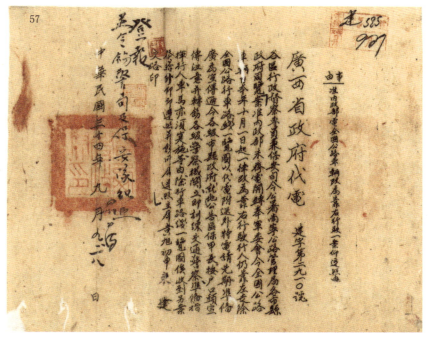

● 1945年9月，广西省政府关于奉电转知全国公路车辆改为靠右行
  驶的通知（贵港市档案局馆藏档案）

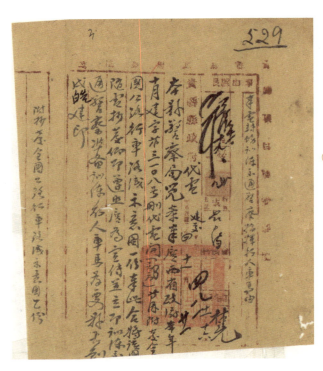

○ 1945年11月，贵县政府关于训练交通警察指挥行人车马的通知
（贵港市档案局馆藏档案）

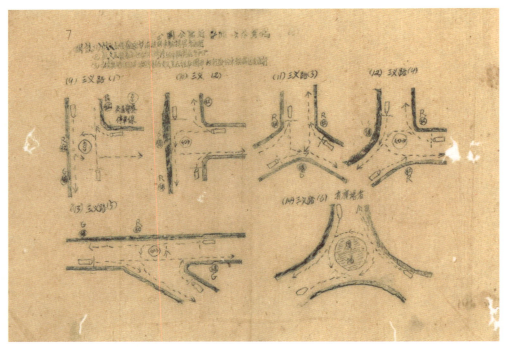

◉ 贵县政府转发全国公路行车路线示意图（节选）（贵港市档案局馆藏档案）

今日贵港

70多年前的贵港人，还在为了适应从"靠左行"转为"靠右行"而进行学习、培训。如今，结合"六城联创"活动，贵港的交通秩序已经进入优化提质阶段，上升到创建文明城市、提升城市竞争力的高度。

2018年5月23日，贵港市"六城联创"誓师大会暨交通综合整治大行动启动仪式在市区新世纪广场举行。

为给群众出行营造一个良好的城市道路交通环境，贵港交警结合当前广西全区开展的道路交通安全隐患大检查大排查大整治行动，以城市为中心，加强对城市周边道路交通秩序整治，如在城市主要出入路口及市区道路灵活开设移动执勤岗，重点加强对各类载客汽车、机动三轮摩托车的排查，对酒后驾驶、超员超载、非法改装等违法行为进行精

◉ 贵港市民开展"礼让斑马线"活动（樊超龙摄）

准打击。

与此同时，"荷城有礼六行动"也全面开展。"荷城有礼六行动"是创建文明城市的重要载体，是推动形成文明礼让社会风尚的重要抓手。主要内容是（一）斑马线前有礼让：在行人过斑马线时，车辆主动减速礼让，行人结伴快速通行，并主动为车辆点赞。（二）行车路上有礼让：驾驶车辆不超速、不加塞、不抢行、不随意变更车道、不滥用远光灯。（三）公交车里有礼让：乘坐公交不占用老弱病残孕专座，主动给有需要的人让座。（四）乘坐电梯有礼让：乘坐电梯先出后进不争抢，靠旁站立不挡道，主动礼让行动不便的人先乘坐。（五）有序排队有

礼让：窗口办事、乘车、参加集体活动等群众活动时，讲规则、守秩序，注意先后顺序，有序排队不插队，主动礼让特殊情况人员；车辆不乱停乱放，不挤占公共道路。（六）街坊邻里有礼让：邻里守望，互让互助，和谐相处。公共场所不随地吐痰，不乱扔垃圾，自觉维护环境卫生。

尤其是在"礼让斑马线"方面，贵港市精神文明办联合贵港市公安局等多个部门，多次开展了"斑马线上的文明""小手拉大手、共创文明城""礼让斑马线点赞"等系列文明交通劝导志愿活动，并于2017年5月8日起正式对机动车辆不礼让斑马线的违法行为处罚，活动取得了良好的效果。

18

快递时代的邮政

　　民国时期，贵港的邮政是非常落后的。如今，人们已经进入了"快递时代"。"快递时代"的邮政，早已今非昔比。在"互联网＋"的今天，贵港邮政根据"大平台、小基地、多项目"的"1＋N"发展思路，推行"产品研发＋产品推广＋服务支持＋运营管理"的发展模式，建成了以贵港邮政电商物流园为中心，辐射贵港、桂平、平南、覃塘的电商物流园4个，建设农产品电商基地100多个，形成了"互联网＋基地共建"的电商共享新模式。

历史截图

　　民国十七年（1928年）7月，贵县设长途电话筹备处于东门街。同年设乡村电话管理处，附属于民团司令部，后隶属县政府建设科。

　　民国十八年（1929年），长途电话筹备处改称为贵县电话局，管辖桂平、武宣、迁江、芦圩的电话通信。

　　民国二十四年（1935年）7月11日，电话机构撤并电报局，贵县电话局改为贵县电报局电话管理处。

　　民国三十七年（1948年），贵县邮局

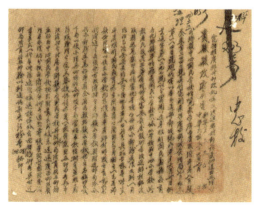

1947年9月，贵县政府关于推广乡村邮政机构及改进乡村邮务的通知（贵港市档案局馆藏档案）

属二等甲级局，是广西十个二等甲级局之一。

1949年12月5日，贵县人民政府接收贵县邮政局，组建成贵县邮电局。

今日贵港

今天的贵港邮政，已经进入"快递时代"。

2016年12月20日，国家邮政局、国家发展改革委、交通运输部联合印发《邮政业发展"十三五"规划》，这是邮政体制改革后，首部由三部门联合印发的行业五年规划。同年，贵港市邮政管理局根据自治区邮政管理局《关于成立〈广西邮政业发展"十三五"规划〉编制领导小组和规划编制工作总体安排的

通知》和贵港市政府办《关于印发贵港市"十三五"规划编制工作方案的通知》要求，组织编制《贵港市邮政业发展"十三五"规划》。

全面推进网点标准化建设，严格开展实地核查，严守安全底线。企业申请经营快递业务和增设分支机构，严格开展实地核查，快递营业场所均应按照《邮政业安全生产设备配置规范》配备消防设备、隔离设备、监控设备、报警

◉　贵港邮政快递（樊超龙摄）

设备等设施；分拣处理场所均应按照《邮政业安全生产设备配置规范》配备安检设备、消防设备、隔离设备、监控设备、报警设备等设备设施，经核查未达到相关要求的不予核准。

积极推进乡镇网点建设，协助解决"快递下乡"难题。贵港市通过分区域召开"局长面对面"座谈会，深入了解企业设点困境，并提出解决方案，引导企业分级管理下属网点，对达到分支机构及时向邮政管理部门办理申请手续，针对较落后乡镇，充分发挥行业协会的协调机制，选择较为规范的品牌网点建立"快递超市"，破解各品牌快递下乡难题。

开展末端网点备案工作，建立快递末端网点备案台账，并实行动态管理。贵港市要求企业对照相关要求进行网点整改，达标后上报备案；并结合日常执法检查，加大对末端网点的督查，对于谎报、虚报的行为给予严肃处理；同时实行动态管理，督促企业根据业务发展情况，加强网点建设，对达到分支机构设立标准的网点及时申请变更手续，对未及时变更的，邮政管理部门依法严厉处罚，坚决打击。

截至2016年，贵港市1074个行政村中1056个直接通邮，直接通邮率98.32%，18个行政村由当地群众代表转投，占比1.68%。全市投递路线长度（单程）10144公里，其中农村地区8666公里、城市地区1478公里。

19

建筑行业迈向现代化

"安得广厦千万间，大庇天下寒士俱欢颜。"诗人的这个愿望，在今天的贵港正在逐渐变成现实。统计数据显示，贵港全市建筑业总体发展稳中快进，市场发展后劲充足。2018年，贵港市建筑业增加值97.53亿元，增速排名广西第一。贵港市已经成为一座宜商、宜学、宜居、宜游的城市。蓦然回首，和70年前相比，贵港"换了人间"。

历史截图

民国时期，贵县民间有小型分散、设备落后的房屋建造业，称泥水匠、石匠、木匠。20世纪30年代从业人数约1000人，分散在城乡各地。城镇逐渐形成建筑集团，承包建筑。当时，城区较大的建筑集团有苏义记商号等。建筑施工凭经验和技巧。能建筑民间传统的砖木结构平房。由房主请木工、

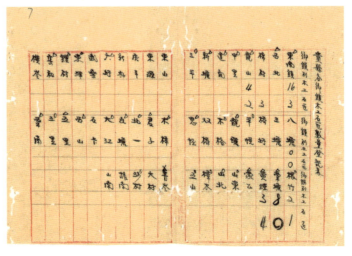

◉ 1944年，贵县各乡镇木工石匠数量登记表
（贵港市档案馆馆藏档案）

泥水工及亲友帮工，招待吃饭，不计工钱。民国初期，城区兴建街道和二层以上的楼房，雇请梧州中亚建筑公司等外地建筑公司施工。传统的建筑工具均属于手工操作工具，有泥刀、泥匙，木工有斧、刨、锯、凿等。

今日贵港

据 1993 年版《贵港市志》记载，1978 年，贵县仅有建筑施工企业 2 个，公社建筑施工队 23 个。全县建筑业总人数 5000 余人，具有合格证书的建筑施工人员 78 人。改革开放后，建筑业发展迅速，建筑队伍增加。至 1989 年，全市有贵港市建筑工程公司、贵港市第二建筑工程公司、贵港市第三建筑工程公司，建筑业总人数 3538 人，其中有工程师 30 人，助理工程师 37 人，技术

◎　贵港城区楼房鳞次栉比（张庆杰摄）

员138人，职工3333人。

今天，贵港的建筑行业已经迈向现代化，不少重大建设项目均由广西区内外知名建筑企业实施。贵港市建筑业发展势头良好，安全生产情况总体平稳。据《贵港年鉴2017》，2016年，全市建筑业总产值为112.68亿元，同比上年增长75.5%。当年，贵港市依法核发施工许可332项，开工建设建筑总面积超400万平方米，总造价112.68亿元，其中中心城区核发施工许可64项，总面积271.78万平方米，总造价55.64亿元。所有申办施工许可的工程均符合施工许可条件，施工许可核发率100%。此外，贵港市认真做好建筑业企业诚信信息库入库管理工作，积极推动电子招投标建设，年内审核入库企业21家，发放诚信卡322张，实施中标锁卡586张，解卡114张。积极推行劳务人员实名制，加强建筑劳务人员管理，年内贵港市实行实名制工程项目45项。

在施工质量管理方面，贵港市全面落实五方责任主体项目负责人的质量终身责任。加强建设工程竣工验收及备案监管，积极支持引导和帮助企业开展创优质精品工程活动，加大创优工程的培育和监督指导力度，组织开展工程质量创优经验交流和现场观摩活动，组织企业进行质量管理工作的学习交流，以优质工程、样板工程引路，不断提高全市建设工程质量整体水平，一批项目被评为贵港市优质工程、自治区优质工程。

咱们工人有力量

20

在旧社会，工会组织是劳苦工人反抗压迫、争取权利的斗争武器。在新社会，工会组织是广大工人当家做主、维护自身合法权益的温暖家庭。今天的工会，在政治、经济和社会生活中，发挥着越来越重要的作用。

历史截图

民国十四年（1925年）7月，县城郁江两岸码头工人，组建苦力工会。随后，相继组建了力行工会、革履工会、民船工会、刨烟工会、泥水石匠工会、力行第四支段工会、理发工会、木器工会、锯木工会、车缝工会等10个行业工会，有会员929人。

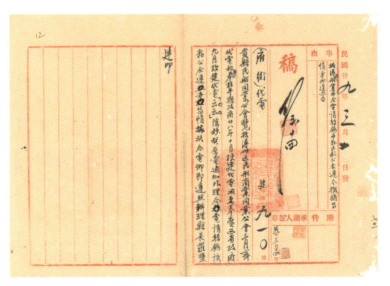

◉ 1940年3月，关于撤销贵县民船工会的通知
（贵港市档案馆馆藏档案）

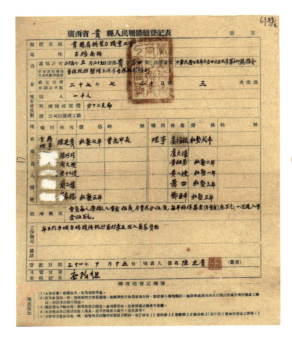

● 1942年，贵县肩挑苦力职业工会登记表（贵港市档案馆馆藏档案）

民国十六年（1927年）1月，贵县总工会成立。工会成立后，组织工人纠察队，检查来往船只，发现日本货物商品即没收烧毁。"四一二"反革命政变后，工会组织遭破坏。

民国三十六年（1937年）8月，在中共地下党领导下，重新组建贵县总工会，有会员1350人。

今日贵港

新时代的工会，是依法维护工人合法权益的人民团体。

据档案记载，截至2016年，贵港市有市级总工会1家，县（市、区）总工会5家，乡镇工会74家（14家乡镇总工会）。驻产业工会2家，分别是贵港市教育工会、贵港市财贸工会，直属事业单位3家，分别是贵港市工人文化宫、贵港市职工技协站、贵港市职工技术学校。全市机关、企事业单位建会数12034家，建会率达99.41%；会员总数达29.13万人，会员入会率99.15%。

贵港市总工会积极参与涉及职工安置、经济补偿等问题研究，指导企业通过协商化解争议；推进工资集体协商和集体合同工作扩面提质；广泛开展法治宣传教育，工会工作法治化建设和职工法律维权工作得到加强，全市各级工会律师团、职工律师援助站受理和提供代理法律援助的案件，结案率100%；同时深化"安康杯"竞赛和职业病防治工作，督促企业落实劳动保护各项措施，全市多家单位和企业获得全国"安康杯"优胜单位等荣誉称号。

◉　贵港江南工业园生产车间（潘金强摄）

21

财政收入质量稳步提高

中华人民共和国成立前，由于时局长期动荡，贵县经济社会积贫积弱，百废待兴。中华人民共和国成立后，人民翻身做了主，处处呈现出生机勃勃的景象。改革开放以来，尤其是地级贵港市成立以来，贵港经济社会蓬勃发展，欣欣向荣，财政收入稳步增长，发展质量大幅提升。2018年，贵港市财政收入首次突破100亿元大关，增速排名广西第一。

历史截图

民国年间，贵县基本实行中央、省、县三级财政体制。税收分国税、省税、地方税三种形式。民国三十一年（1942年），贵县政府根据上级指示建立乡级财政。县与乡镇财政各自独立。民国三十七年（1948年），撤销乡镇级财政，由县统收统支。

民国时期，贵县的财政收入主要是田赋和屠宰税。县地方公产于民国二十五年（1936年）和二十九年（1940年）先后两次清理，计有寺庙产、神会租、学会、官田、军田、公地、义渡租等公田2531.25亩，公地9.11亩，公塘1.76亩，公屋26间。年可收租谷32.65万斤，房租2050元。

民国三十五年（1946年）7月1日起，契税、房税、屠宰税、营业牌照税、使用牌照税、筵席及娱乐税等属于地方的固定收入；营业税、地价税、土地增值税、田赋等属国地共分税，按实征额和除征收费后县占50%，纳入县的总预算，另外50%归中央和省；田赋代征公粮属地方收入，县和省各占50%，遗产税和所得税属中央税，仍分30%给县。此外，各种行政及事业性的规费收入和公产租收入仍全归地方。

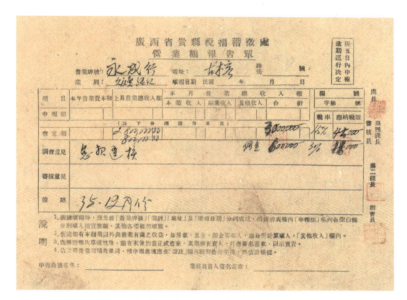

○ 1946年，贵县永成行商号营业额纳税报告单
（贵港市档案馆馆藏档案）

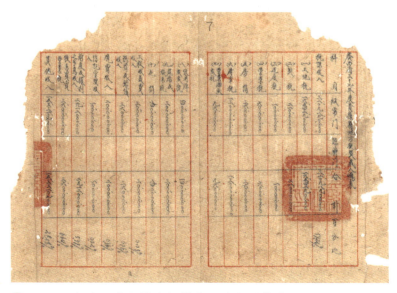

○ 1948年度，贵县地方概算岁入总表（节选）
（贵港市档案馆馆藏档案）

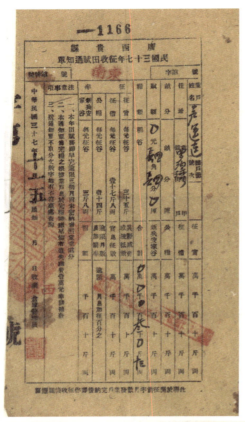

1948年，贵县征收田赋通知
单，户主卢运连
（贵港市档案馆馆藏档案）

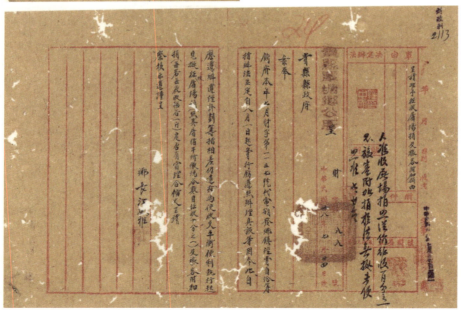

1949年7月，覃塘乡公所关于征收屠场捐及旅客附加捐的报告
（贵港市档案馆馆藏档案）

今日贵港

今天贵港市的财政收入构成，主要有非税收入、耕地占用税、消费税、个人所得税、契税、车船税、企业所得税、印花税、土地增值税等。

2017年，贵港市财政收入首次突破90亿元大关。全市财政收入90.03亿元，完成预期目标的102.5%，同比增长12.7%，高于广西全区平均水平6.6个百分点，增幅在全区排名第二。其中，一般公共财政预算收入50.41亿元，同比增长5.9%。非税收入16.78亿元，占一般公共预算比重33.3%，比上年同期下降1.4个百分点，收入质量有所提高。

同时，贵港全市一般公共预算支出233.82亿元，完成预期目标的97.3%，同比增长10%。其中，八项支出180.06亿元，同比增长16.3%，全面实现了全年财政收支预期目标。

最新数据显示，2018年前三季度，贵港市组织财政收入80.08亿元，同比增长22.5%，增幅在广西全区连续5个月排名第一。其中非税收入下降14.0%，占一般公共预算收入的比重为24.5%，占比排名全区第一位，财政收入质量进一步提高。

贵港市财政局办公大楼

（张庆杰摄）

22

物价总体平稳

　　民国末期，通货膨胀，货币贬值。档案资料显示，民国中央银行开具的一张面值160亿元的支票，仅相当于现在的人民币350万元。贵港地区哀鸿遍野，民不聊生。今天，在中国共产党的领导下，货币坚挺，物价稳定，市场繁荣，那段不堪回首的历史，已经一去不复返。

历史截图

　　民国时期，市场物价以自由价格为主体，国家不进行统管。1930年至1934年夏季，贵县工农业产品价格基本稳定。1934年秋至1935年，市场物价总的趋势为实跌，当时各种国产条格布完全被洋货排挤退出市场，县城23间苏杭铺倒闭21间，占91.3%，资本最大的纶昌公司也受到严重亏损的打击，曾一度停止筹资。绝大部分农副产品价格也受到工业品价格下跌的影响而同时下降，如1934年秋前50公斤大米销价6.5元，50公斤生油销价23元，秋后50公斤大米卖4元，下降38.46%，50公斤生油卖17元，下降26.6%。

　　1935年至1936年，价格逐步回升，达1930年的水平或稍高。1937年全面抗日战争开始，至1949年的十多年间，尤其是1946年后，通货膨胀，货币贬值。物价涨幅达数百甚至数千倍，致人民生活痛苦不堪。1946年后由于货币屡屡贬值，群众拒用纸币，市场交易以物易物，直至贵县解放。

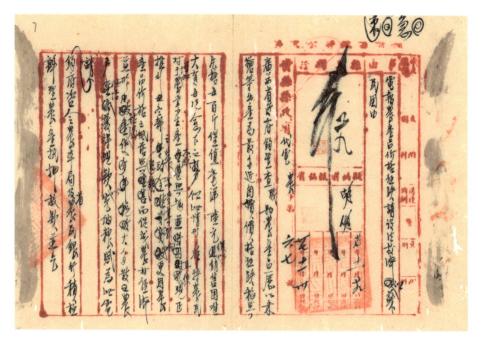

◉ 1938年11月，贵县政府关于贵县农产品价格狂跌请设法救济的报告
（节选）（贵港市档案馆馆藏档案）

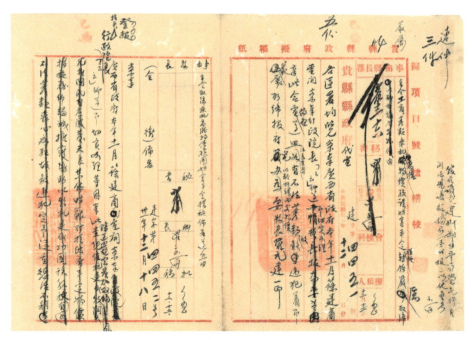

◉ 1942年12月，贵县政府关于饬令取缔乘机高涨物价预图妨害平定措施
的工商业主的布告（贵港市档案馆馆藏档案）

今日贵港

中华人民共和国成立后，贵港物价变化的总趋势是由初期的混乱、波动到逐步稳定。

1985年，实行价格管理和价格体系改革，贯彻"放调结合，走一步，看一步"的方针。实行国家定价、指导价、集市贸易等多种价格，改变了单一的国家定价形式，同年2月下达贵县价格体系改革试行办法。

1987年至1988年，继续深入进行价格体系改革，治理经济环境整顿经济秩序，加强价格管理，稳定市场物价，价格体制逐步转入正常轨道。1988年开始对行政事业性收费实行许可证制度，当年共核发收费许可证339份。

近年来，贵港市物价局以完善市场决定价格机制为主线，稳妥推进液化石油气、小区物业服务费、道路旅客运输

◉　贵港市农副产品平价超市（张庆杰摄）

站经营收费、住房价格、城市供水污水价格等重点领域价格改革。同时，下放（恢复）部分商品和服务价格定价权、行政事业性收费管理权、价格监督检查处理权、成本调查监审权、价格认定权给港北、港南、覃塘区人民政府，进一步理顺市级与城区权责关系，明确划分价格管理权限。

贵港市物价部门落实"降成本"各项措施，切实降低企业生产经营成本。降低行政事业性等项目的收费。减免一批涉企行政事业性收费项目、一批涉企经营服务性收费和中介服务收费项目，并继续实施涉企收费清单管理。降低电力成本，通过降低工商业销售电价、免收新增电力用户临时接电费用、实施临时丰枯水期季节性电价，改进企业减产停产期间基本电费计费方式，降低高可靠性供电费用等各项措施，大大减轻了企业负担。

贵港市物价局加强市场价格监督检查，重点开展重大节假日期间市场价格行为的监管，加大对群众生活必需品的粮、油、蔬菜、肉、禽、蛋，及交通客运、液化气、景区旅游等重要商品和服务价格的检查力度；继续开展教育收费和卫生医疗服务价格及药品价格检查工作，整顿规范收费行为；开展餐饮行业价格行为专项整治行动；开展对贵港市景区门票价格复查工作；开展涉企收费检查，确保降费减负政策落实到位；认真受理价格举报、投诉、咨询。

据档案记载，2016年，贵港居民消费价格同比累计上升1.2%，比全国平均低0.8个百分点，比广西的1.6%低0.4个百分点。商品零售价格指数累计下降0.3%，农业生产资料价格指数累计下降0.7%。

23

威武之师，结束落后挨打历史

民国时期，军阀长期混战。国民党反动派的军队，是镇压人民、与人民为敌的军队。如今的人民军队，则是人民的子弟兵，是人民生命与财产安全的保护神，与人民同呼吸、共命运、心连心。他们是新时代"听党指挥、能打胜仗、作风优良"的钢铁长城。

历史截图

民国时期，贵县驻军情况如下：

民国元年（1912年）4月，第十七队防军驻扎县城。

民国二年（1913年）4月，广东护军使龙济光驻军贵县，以南山寺为大本营。

民国三年（1914年）夏，滇军陆军少将龙觐光驻军贵县，以南山寺为大本营。

民国三年（1914年）10月，驻防军管带陈绣屏部驻县城。

民国十年（1921年）7月，粤军陈炯明部熊略旅，10月，粤军杨坤如部先后占据县城，以西北街光禄第为大本营。

民国十一年（1922年），新桂系李宗仁的粤桂边防军第三路一支队李石愚、二支队何武共4个营进驻县城，以县前街为大本营。

同年秋，旧桂系陆荣廷部陆云高的广西陆军第一师进驻县城，以沿江路粤东会馆为大本营。

民国十二年（1923年）冬，李宗仁的"定桂军"和黄绍竑的"讨贼军"进驻县城。

1939年12月，贵县政府关于送呈贵县11月被日本军机轰炸伤亡损失报告表的报告（贵港市档案馆馆藏档案）

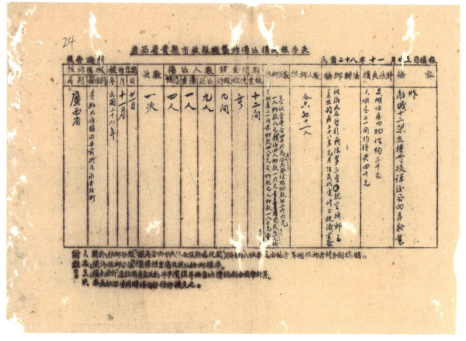

1939年11月21日，贵县遭到敌机12架轰炸。图为伤亡损失调查表（贵港市档案馆馆藏档案）

民国十八年（1929年）10月，李明瑞部蒙志独立旅、黄权旅、张文鸿团进驻县城。

同年冬，广西省主席兼第八路军副总指挥吕焕炎所部李德英和黄权师进驻县城。

民国十九年（1930年）春，粤桂军交战，桂军许宗武师及梁瀚嵩师驻防县城，4个月后，弃城而去，粤军吕春珰部李德英占据县城。

同年冬，粤军余汉谋部据县城。

民国二十七年（1938年），抗日战争时期，国民党第十六集团军四十六军一七〇师，中将师长黎行恕驻防贵县。

民国二十八年（1939年）2至9月，抗日战争期间，国民党十六集团军副总司令蔡廷锴驻防贵县，设总部于南山寺。

民国三十二年（1943年）冬，国民党新编十九师师长罗活部驻防县城，指挥部设于乐群社。

民国三十三年（1944年）秋，国民党三十五集团军总司令邓龙光及其辖下六十四军（军长张弛）驻防贵县沿江一带，第三十一军一八八师（师长海竞强）驻防石龙（今东龙）。

抗战时期，由于敌我力量悬殊，贵港地区惨遭日本侵略者轰炸、蹂躏，桂平、平南、贵县相继沦陷，人民伤亡损失惨重。

抗战胜利后，国民党反动势力撕毁和平建国协议，执意挑起内战，使热爱和平的人们再次饱受战火煎熬。最终，人民解放军彻底打败国民党反动派，夺取全国胜利。

今日贵港

人民解放军是威武之师、文明之师，战无不胜，攻无不克，是捍卫国家领土完整、保护人民生命财产安全的钢铁长城。中国人民落后挨打的历史，一去不复返了。

在长期的革命斗争、反侵略斗争中，贵港形成了光荣的革命传统。从这里，走出了广西首位中共党员黄日葵烈士、广西早期党组织主要负责人谭寿林烈士等。驻扎在贵港的有声名显赫的塔山英雄团、白台山英雄团，有陆军、海军、空军、战略支援部队等军种，是广西驻军较多的城市之一。中央军委原副主席张万年以及李作成、刘粤军等一批

2017 年 7 月 28 日晚，贵港市庆祝建军 90 周年文艺晚会现场（陈榕玲摄）

将军先后在这片热土上工作和生活过。

贵港素有拥军优属、拥政爱民的光荣传统。自 1991 年开始创建双拥模范城以来，贵港市各级党委、政府和驻军认真贯彻落实党中央、国务院和中央军委关于加强双拥工作的指示精神，紧紧围绕富国与强军相统一主题，以服务改革发展大局和军事斗争准备为中心，以争创"双拥模范城"为动力，坚持经济建设与国防建设协调发展，深入持久地推进军民共建活动，使双拥工作保持了协调发展、整体推进、全面提高的态势，全市双拥工作在继承中创新、在巩固中提高、在改革中发展，有力地促进了我市经济发展、社会和谐，促进了驻军现代化建设和战斗力的提高。

尤其是在与各种严重自然灾害做斗争和应对各种急难险重任务时，贵港市军民同心协力，众志成城，顽强拼搏，经受了一次又一次严峻考验，取得了一个又一个重大胜利。在长期的革命和建设实践中，全市党政军民肩并肩、心连心、同呼吸、共命运，结下了深厚的情谊。截至 2016 年，贵港市连续八届荣获全国双拥模范城、连续九届荣获自治区双拥模范城荣誉称号，全市形成了军爱民、民拥军、军地共同发展的大好局面。

"雄关漫道真如铁，而今迈步从头越。"贵港人民将倍加珍惜这来之不易、军地共同拥有的崇高政治荣誉，倍加珍惜军政军民团结的大好局面，戒骄戒躁，再接再厉，继续创造双拥工作的新战绩、新辉煌，为加快建成西江流域核心港口和战略性新兴产业城，推动驻贵部队新发展作出新的更大贡献。

24

"神剑"出鞘保平安

　　随着中华人民共和国的成立，旧社会的一切都发生了翻天覆地的变化，公安机关自然也不例外。如今的公安机关，是人民民主专政的工具，其任务是维护国家安全，维护社会治安秩序，保护公民的人身安全、人身自由和合法财产，保护公共财产，预防、制止和惩治违法犯罪活动，保卫社会主义制度，保障改革开放和社会主义现代化建设的顺利进行。

　　近年来，贵港市公安局忠诚践行"对党忠诚、服务人民、执法公正、纪律严明"总要求，创新实施"党建引领、赶超跨越"工程，先后涌现出全国人民满意公务员、全国特级优秀人民警察等一批先进模范典型。2018年，全市公安整体绩效排名广西第一。

历史截图

　　民国初，贵县成立县政务警察队。民国三十年（1941年）12月1日，贵县警察局成立，首任局长俞述伦，局址设在棉新街。县政务警察队随之裁撤。民国三十三年（1944年）11月3日，日本侵略军占据县城，国民党县政府迁往木梓，警察局长施绍曾夹带巨款潜逃，警察局解体。民国三十四年（1945年）8月，在木梓成立警佐室。同年10月，恢复警察局，局址设在沿江路旧美星戏院，直至解放。

　　警察局内设有总务、行政、司法三科，每科设科长1名，科员、办事员若干名；督察处设督察长1名，督察员、训练员2至3名，巡官若干名；侦缉队

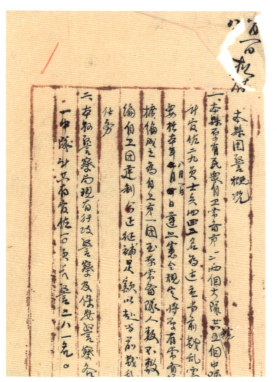

○ 民国时期，贵县民众自卫
团和警察概况
（贵港市档案馆馆藏档案）

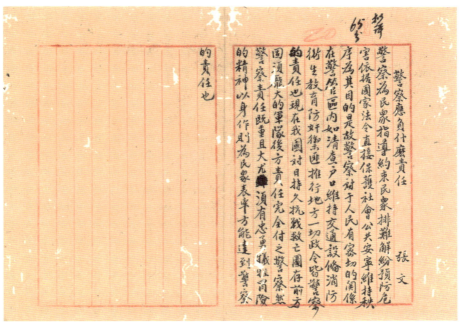

◎ 警员张文关于"警察应负什么责任"的答卷（贵港市档案馆馆藏档案）

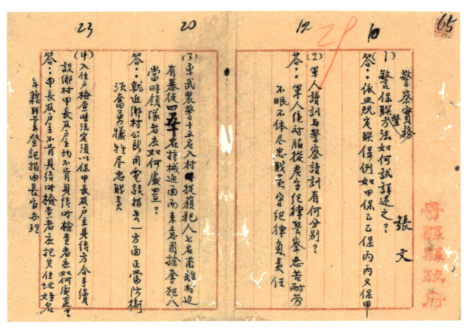

警员张文关于"警察实务"的答卷（贵港市档案馆馆藏档案）

设队长1名，侦缉员（密探）5至7名，便衣警察若干名；保安队设队长1名，副队长1至2名，警长3至4名，雇员、办事员、警号、警士约80名；消防队又称慈善救火队，设队长1名，队员若干名；清洁队设队长1名，清道夫若干名。

此外，在县城设立东南镇、西北镇警察分驻所，在桥圩、木梓、大圩、覃塘、樟木分别成立警察所。每所设巡官1名，所长1名，警长1至2名，警士和夫役20至40名。

1949年12月7日，贵县人民政府接收贵县警察局时，仅获轻机枪2挺，长短枪60多支，以及弹药一批。

今日贵港

近年来，贵港市公安机关以平安贵港、法治贵港和过硬队伍建设为主线，以深化公安改革、推进"四项建设"为抓手，全力打好安全感满意度抢攻战、反恐维稳常态战、民生警务合成战、公安改革攻坚战、警务保障翻身战、队伍作风精细战"六战"，公安工作和队伍建设取得六大成绩，得到公安部、自治区公安厅的认可和群众的广泛赞誉。全市群众安全感满意度再创新高，在广西政法队伍满意度测评中列广西公安机关第一名。

在打击刑事犯罪方面，"神剑"系列行动战果辉煌，完成自治区公安厅任务数212%。"神剑2号"行动，贵港市成绩排广西第五名。

贵港市公安局服务经济发展，打击制售假冒伪劣和侵犯知识产权犯罪、金融犯罪等工作成效突出，积极侦办合同诈骗、侵占、挪用等一般经济犯罪的同时，突出跨区（市）办案，强力主攻大案要案。公安部曾发来贺电，对贵港市打击假币犯罪工作予以肯定。

贵港市公安局打击网络犯罪创全国新经验，并作为全国10个受邀的公安局之一，参加《法制日报》与阿里巴巴集团在北京人民大会堂举办的2016网络新"枫桥"经验高峰研讨会。

贵港市公安局打击食品药品环境犯罪工作在广西领先，经验做法获自治区公安厅推广。

在反恐维稳方面，贵港市公安局加强矛盾纠纷排查化解，强化屯警街面、动中备勤、公安武警联勤巡逻等警务机

◉　贵港市平南县公安局民警整装待命开展反恐演练（蒙斯颖摄）

制，积极构建常态化指挥调度、视频巡查、情报研判、信息值守处置、网络舆情联动处置和战时指挥处置合成作战的警务实战指挥"5+1"工作新模式，重点要素掌控到位，同时，做好属地网站有害信息巡查和处置工作，确保贵港市网络舆情稳定。建立严防严治的公共安全监管体系，强化危爆物品安全管理，推动落实实名登记和寄递物流"三个100%"制度，强化消防安全、道路交通安全、大型活动安全管理，消除公共安全隐患，确保全市无影响社会政治大局稳定的涉恐涉爆恶性案件和重大群体性事件、重大公共安全事故发生。

在社会治安防控体系建设方面，贵港市公安局坚持打防管控一体，统筹推进城区"天网"三期、乡镇"天眼"二期和"无赌无毒无刑事案件"村（小区）建设，具有贵港特色的城乡社会治安可视化、信息化、网格化管理新模式初具规模，同时，加大力度打击食品药品犯罪，挂牌整治涉赌重点地区。

近年来，贵港市公安改革取得新突破。贵港市公安局以警医合作方式建成特殊监区，有效解决患有传染疾病等特殊违法犯罪嫌疑人关押难题。通过大力推进"五室一体模式"的派出所综合指挥调度室建设，强化市、县局两级合成作战中心建设，推动网安、技侦工作向县分局延伸，初步建成情指联动、情勤一体、多警种多手段合成作战的现代警务运行机制，实现攻坚克难能力大提升、打击破案能力大增强。

贵港市公安局派出所综合指挥调度室建设、构建可视化立体化治安防控体系、打击黄赌与"食药环"犯罪机制、县级网安工作建设等4项警务机制创新经验在广西会议上作经验介绍。

与过去装备落后的情况不同，如今的贵港市公安局，已是现代化装备集于一身，"神剑"出鞘，护卫一方平安。

25

监管改造实现"四无"目标

　　民国末期，贵港地区的司法系统基本处于瘫痪状态，隶属地方法院管理的看守所更是土崩瓦解。今天，在社会主义制度下，监狱贯彻"惩罚与改造相结合，以改造人为宗旨"的方针，充分体现了社会主义法制的特点。

历史截图

　　民国二年（1913年），贵县设审检所置帮审员受理诉讼案件，县知事兼理检察事务。民国三年（1914年）4月，知事兼理司法。民国二十年（1931年），设苍梧地方法院贵县分庭，配备主任推事、候补推事、检察官、候补检察官、书记官、看守所长等官员。此为县属司法独立之始。

　　民国时期，看守所

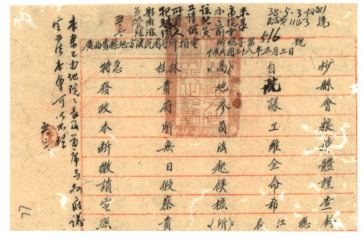

◉ 1949年5月3日，贵县地方法院看守所关于员工断粮，无法维持生活，自5月5日起全体请假的电报（贵港市档案馆馆藏档案）

隶属贵县地方法院管理，所址设在旧县政府西侧。从上图电报可知，贵县解放前夕，国民党反动势力已是惶惶然如丧家之犬，人心涣散，土崩瓦解。

今日贵港

我国的国体是人民民主专政，监狱是专政机关之一，肩负着惩罚和改造罪犯、实施警示教育的责任。

目前贵港市内有贵港监狱、西江监狱。贵港监狱、西江监狱认真贯彻落实"治本安全观"，连续多年实现监管改造无罪犯脱逃、无重大狱内案件、无重大安全生产事故、无重大疫情"四无"目标，获得上级肯定和好评。

◉　西江监狱指挥中心大楼（广西西江监狱供图）

26

妇女能顶"半边天"

　　在旧社会，妇女的社会地位极为低下。中华人民共和国成立后，倡导男女平等，妇女能顶"半边天"。近年来，贵港市以改革创新为动力，奋力推动妇女儿童事业发展，团结带领全市广大妇女在决战脱贫攻坚、决胜全面小康中建功立业，在建设新时代"实力、活力、魅力、给力"新贵港、共圆复兴梦想的征程中，激扬巾帼之志、奉献巾帼之力、彰显巾帼之美、唱响巾帼之歌。

历史截图

　　民国时期，妇女无力谋生，沦为娼妓，娼妓为合法职业，有登记证，在特区旅馆客栈谋生，并需缴纳一定捐税。当时，贵城大南门一带妓馆林立，称为花街，政府公开批准开馆收税，较有名的有钻石酒楼、郁江酒店、贵县酒店、大南门酒店等。妓女多为从湖南、湖北、广东等地拐卖来的妇女。此外还有暗娼，危害社会甚大。

　　1950年初，贵县人民政府颁发布告，命令取缔娼妓。县公安局收容娼

◉　1945年11月，贵县警察局关于下发贵县旅馆客栈营业执照及娼妓登记证样本的通知（贵港市档案馆馆藏档案）

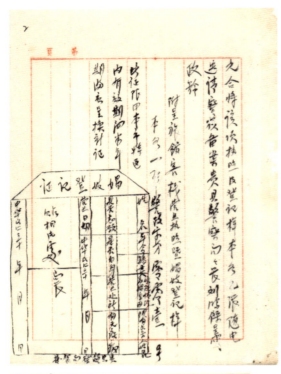

● 娼妓登记证样本
（贵港市档案馆馆藏档案）

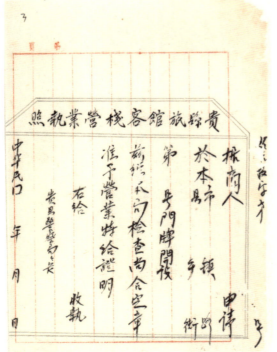

● 贵县旅馆客栈营业执照样本
（贵港市档案馆馆藏档案）

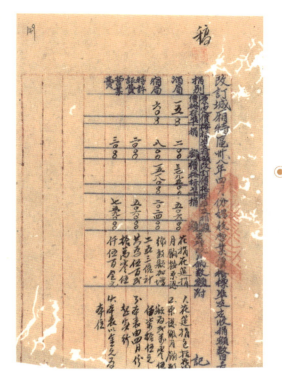

⊙ 1949年4月，贵县城厢特区娼妓营业价格标准及应收捐额数目表
（贵港市档案馆馆藏档案）

妓90多名，并派出医生对患有性病者进行治疗，治愈后区别情况进行处理，有家可归的，买车船票遣送回乡，有的就地从良，年轻有一定文化的安排出路。经过处理，娼妓基本绝迹。

今日贵港

如今贵港市妇女联合会大力扶持妇女同胞创业就业。据档案记载，2016年，贵港市妇联组织市巾帼家庭服务联盟14家会员企业参与家政培训"大篷车"进村（社区）活动11场，服务妇女2300多人，成功推荐1500多名妇女就业。年内召开市妇联服务企业座谈会，邀请发改、工信、人社、商务、金融等部门为全市80多名女企业家解读相关政策，发放贵港市妇联服务企业联系卡。全市创建市级以上巾帼科技示范基地36个，其中国家级2个、自治区级

◉　贵港市女企业家协会 2017 年度年会现场（郭晓枫摄）

18 个，争取上级补助资金 82 万元。各基地累计培训妇女 3600 人，提供信息、技术、销售等服务 4000 多人次，带动 2000 多名妇女增收。推进小额贴息贷款工作，全年印发扶贫小额信贷宣传资料 5000 多份，举办培训班 2 期，培训建档立卡贫困妇女 100 多人。全市推荐 120 名妇女获得创业担保贷款 877 万元，获国家贴息贷款 34.3 万元。27358 户贫困户获得扶贫小额信贷 147665.85 万元，获财政贴息贷款 1756.24 万元。

如今，在各行各业、各条战线，正涌现出越来越多的巾帼英雄，新时代的贵港女性，当之无愧地顶起了"半边天"。

27

保障妇女儿童生命安全及权益

　　如何对待妇女儿童，是衡量社会文明程度的标尺。在旧社会，妇女儿童地位低下。中华人民共和国成立后，妇女儿童的权益得到了有力保障。近年来，贵港市全力推动妇女儿童发展纲要、规划的实施，大力开展男女平等和儿童优先的宣传教育，不断提升妇女儿童工作水平；着力在提高妇女儿童健康水平、加强妇女就业扶持引导、保护女职工合法权益和妇女人才的培养和使用上下功夫，着力创新妇女儿童工作举措，促进全市妇女儿童事业健康发展。

历史截图

　　溺婴、弃婴，是旧社会陋习。溺婴、弃婴者大多是灾民、难民、游民及暗娼，他们生活无着，无法抚养孩儿，把初生的婴儿弃置村口、路旁，希望有人抱去抚养，或者干脆溺毙。

　　此外，由于接生婴儿沿袭落后旧法，死亡率也很高。民国十六年（1927年），县城有钟俭宜、陈莲贞开办新法接生诊所，是本县最早实行新法接生的私办助产所。继后有韦志坚、林汉昭开设的私人产院。民国二十年（1931

年），天主教于城内北门街设有育婴堂，收养遗弃婴儿。

　　民国二十七年（1938年），贵县公医院内设妇产科，有助产士两人，开展新法接生和儿童疾病检查。民国三十六年（1947年），木格卫生院建成后，在农村开始新法接生。

　　据民国三十七年（1948年）2、4、6月份的统计，贵县全县产前检查初诊的有26人次，复诊的47人次，产后检查初诊的22人次，复诊35人次。儿童健康检

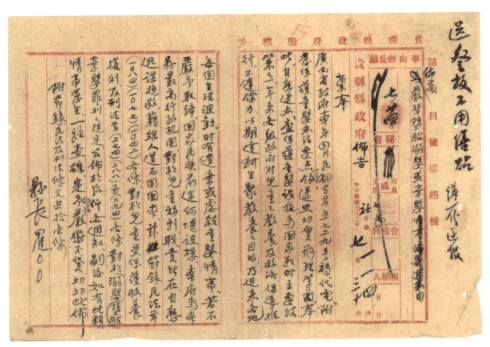

○ 1943年7月，贵县政府关于严禁堕胎、溺婴或弃婴的布告
（贵港市档案馆馆藏档案）

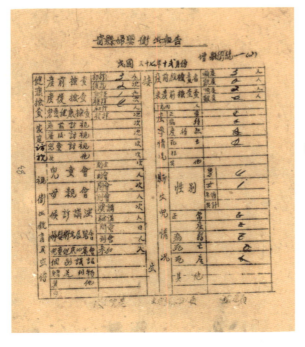

○ 1948年12月，贵县妇婴
卫生报告表
（贵港市档案馆馆藏档案）

查初诊的16人次，复诊32人次。儿童访视36人次。新法接生19人，无死亡。广大农村仍然普遍采用旧法接生，新生婴儿破伤风、产妇产褥热发生较多，不少新生儿、产妇死亡。1949年，县内新法接生率只达0.84%。

今日贵港

党的十一届三中全会后，贵港的妇幼保健工作有了很大发展，形成了县、乡（镇）、村三级妇幼保健网。1980年，新法接生率上升到95.56%。

近年来，贵港市全面落实"12免8补"惠民政策，全市孕产妇死亡率16.75/10万，婴儿死亡率4.02‰，5岁以下儿童死亡率6.26‰，出生缺陷发生率8.64‰。全市住院分娩率100%，婚前检查率98.97%，孕前优生查覆盖率99.01%，地中海贫血基因诊断补助率和产前诊断补助率均为100%，产前筛查率82.46%，产筛高危进行产前诊断率54.08%，新生儿疾病筛查率99.59%，新生儿听力筛查率97.7%。桂平市荣获2016年国家妇幼健康优质服务示范县称号。

此外，妇女、儿童的权益也得到了切实保障。贵港市妇联等部门、单位通过信访、维权宣传教育、建立反家暴联动机制、创建妇女儿童维权岗、实行"春蕾计划"等方式，让广大妇女、儿童感受到了组织的关爱和温暖。

贵港市志愿者看望进城「留守儿童」
（潘金强摄）

28

卫生医疗机构不再"稀若晨星"

民国时期，贵港的医疗条件十分落后。中华人民共和国成立后，贵港的医疗卫生事业取得长足发展，人民健康得到有力保障。贵港的医疗卫生队伍是一支敢于担当、甘于奉献和服务为民的队伍，始终坚持以提高人民健康水平为己任，大力推进健康贵港建设，并取得显著成就。2018年，贵港荣获2016—2017年度全国无偿献血先进市，并有17个单位荣获国家级"群众满意的乡镇卫生院"光荣称号。全市医疗安全有效，无重大传染病疫情暴发流行。

历史截图

据1993年版《贵港市志》记载，民国二十二年（1933年），贵县政府第一科分管卫生保健工作。民国二十七年（1938年），县公医院建成开业，王存道为首任院长。公医院有医务人员及职工14人，病床30张，普通手术台1张，显微镜、冰箱各1台，以及一些简单的手术器械。民国三十二年（1943年），县政府将公医院改名为"贵县卫生院"。1944年至1946年，覃塘、石龙（今东龙）、木格卫生分院先后建成开业。至民国三十七年（1948年），分院共有病床18张，房屋29间。此外，在城区还有私营的诊所和医社，有博济诊所、刘志医务所、启复医院、克复诊所、普安医社、利民医社、平民医社、济民医社，这些个体诊所医社各自有医师护士1至3人。各乡圩镇有个体开业中医，部分坐镇中药房开诊。

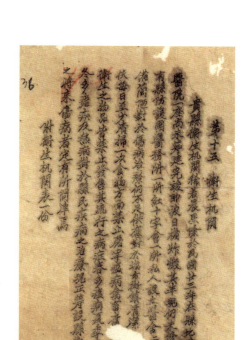

1941年2月，《广西贵县兵要地志》第十五节"卫生机关"。其中称"贵县卫生机关稀若晨星"（贵港市档案馆馆藏档案）

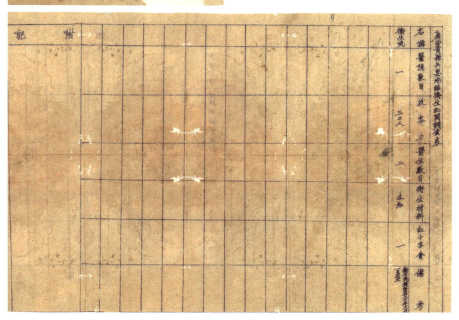

《广西贵县兵要地志》卫生机关调查表。据表中记录，当时贵县仅有卫生院1所，医生2人，可收容病人30人。另有红十字会组织1个（贵港市档案馆馆藏档案）

今日贵港

据档案记载，2016年，贵港市卫生医疗机构4279个（含村卫生室），医院43个（公立医院13个，民营医院30个）。

三甲医院3个，二甲医院8个。

基层医疗卫生机构4136个，其中乡镇卫生院73个、社区卫生服务中心15个、社区卫生服务站1个、门诊部和诊所493个、村卫生室3554个。

专业公共卫生机构100个，其中疾病预防控制中心6个、专科疾病防治院（所、站）2个、妇幼保健院（所、站）6个、采供血机构1个、卫生监督所6个、计划生育技术服务机构79个。

全市床位总数14964张，每千人拥有床位3.45张。

卫生技术人员18910人，每千人口卫生技术人员4.37人。

执业医师和执业助理医师6158人，每千人口执业医师和执业助理医师数为1.42人。

注册护士7361人，每千人口注册

　⊙　贵港市人民医院外景（潘金强摄）

护士数为1.70人。

　　全市医疗卫生机构总诊疗人次数2358万人次。其中，医院总诊疗人次数526.8万人次；基层医疗卫生机构总诊疗人次数1734.7万人次。

　　农村三级医疗卫生机构总诊疗人次数1682.2万人次。其中，县级医院236.4万人次；乡镇卫生院435.7万人次；村卫生室1010.1万人次。

　　数字很枯燥，但却很有说服力。贵港的卫生医疗机构，再也不是将近80年前的"稀若晨星"了。

疾病防控工作成效显著

民国时期，贵港地区疟疾横行。中华人民共和国成立后，党和政府高度重视疾病预防、控制工作。据统计，截至2018年，贵港全市具备传染病疫情网络直报条件的医疗机构和疾控机构共121家，专（兼）职传染病疫情管理员180名，其中开展传染病疫情网络直报机构121家，机构网络正常运行率达到100%。

历史截图

民国时期，贵县广大农村缺医少药，疫病丛生。主要传染病有鼠疫、天花、霍乱、痢疾、疟疾和麻疹等。民国二十一（1932年）、二十二年（1933年）在西山乡、大成村和大兴村鼠疫流行，死100余人。民国二十三年（1934年）秋，县内接种牛痘3840人，民国二十四年（1935年）秋，接种牛痘8843人。同年，在龙山、中兴、东山、武乐、钟村等地麻疹、疟疾频频发生，死117人。民国二十五年（1936年），在县内接种牛痘54151人。民国三十二年（1943年），县

城发生霍乱，死数十人，市面人心惶惶，县政府出示布告，凡患此病者一律到县卫生院治疗。在卫生院医务人员积极治疗下，才控制了病情扩展。当年，省防疫巡回队到贵县接种牛痘疫苗。

民国二十七至三十七年（1938至1948年），县公医院和石龙（今东龙）、覃塘、木格卫生分院建成后，才逐渐开展预防注射工作。民国三十三年（1944年）八九月间，伤寒预防注射387人，注射霍乱疫苗13105人。但因农村广大，卫生条件较差，

防疫面小及人数少。县内痢疾、伤寒、霍乱、麻风、疟疾等传染病，每年都有发生。

中华人民共和国成立后，党和人民政府十分重视人民健康，对防治人民群众疾病采取了种种措施。1952年，在

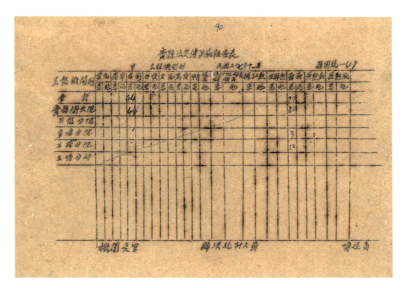

1948年11月，贵县法定传染病报告表（一）
（贵港市档案馆馆藏档案）

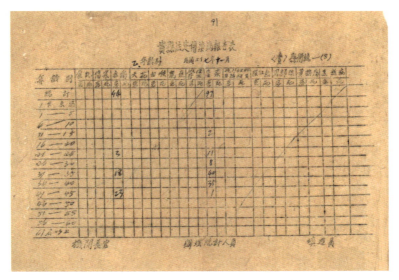

1948年11月，贵县法定传染病报告表（二）
（贵港市档案馆馆藏档案）

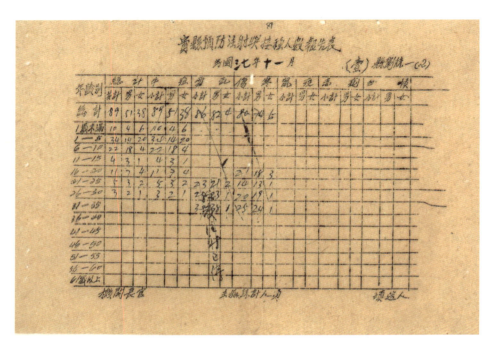

◉　1948年11月，贵县预防注射与接种人数报告表
　　（贵港市档案馆馆藏档案）

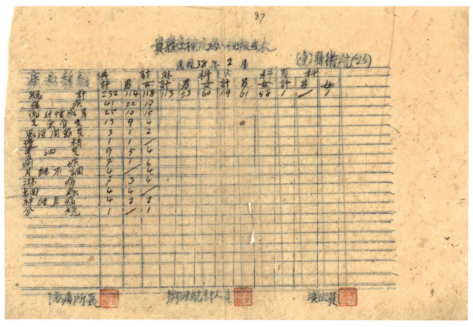

◉　1949年2月，贵县各种疾病人数报告表（贵港市档案馆馆藏档案）

大力开展爱国卫生运动过程中，贵县大力培训不脱产的种痘员1042人和防疫员220人。当年春季种痘16万人次，冬季26万人次，并结合进行饮水消毒工作，大大加强了传染病的防治。1954年，贵县消灭了天花。

今日贵港

至20世纪80年代，疟疾、霍乱、伤寒、血吸虫、丝虫、麻风、百日咳等多种传染病，得到了控制或根治，特别是消灭了血吸虫病和班氏丝虫病，贵县防疫站得到了卫生部和自治区卫生厅的嘉奖。

贵港市疾病预防控制中心自2003年成立以来，加强了流行病学调查，突发公共卫生事件应急处理、检验检测等疾控三大能力和疾病预防控制的信息网建设，各项工作取得了显著的成绩。2003年，该中心获国家人事

◉　贵港市疾控中心大楼（张庆杰摄）

部、卫生部授予"全国卫生系统抗击非典先进集体"光荣称号，2005年3月通过广西质量技术监督局的计量认证评审，取得中华人民共和国计量认证合格证书，检验检测机构提升为省级。

据档案记载，截至2016年，贵港市已连续24年无脊髓灰质炎病例和疫苗株循环病例，连续15年无百日咳、白喉病例的报告。

30

高大上的市体育中心

　　民国时期，贵港体育基础设施非常简陋。中华人民共和国成立后，体育基础设施建设面貌焕然一新。贵港市体育中心的建成和投入使用，更是贵港的一件大喜事。贵港市体育中心的建成，标志着贵港市体育基础设施建设迈进了新时代。目前，贵港市体育中心全面实现对外开放，配备了专业管理团队，管理制度健全，设备设施得到及时有效维护。通过市场运作盘活场馆资源，组织承办了各类体育、文化、演艺、会展等活动，整体社会效益正逐步显现。

历史截图

　　民国十九年（1930年），贵县政府筹建县体育场于中山公园旁。

　　到民国二十二年（1933年），场内设置有400米跑道、篮球场、沙池、双杠和单杠等体育设施。场内为泥地，遇雨，常有积水。无专门体育经费。

　　当时，贵县中学有篮球场、排球场、双杠、单杠和沙池等。后来建成的第一初

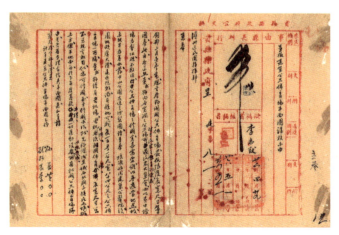

1933年，贵县政府关于呈报贵县建筑公共体育场平面图的报告（贵港市档案馆馆藏档案）

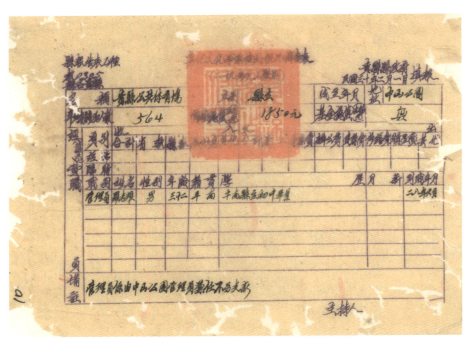

◉ 1941年，贵县公共体育场报告表（贵港市档案馆馆藏档案）

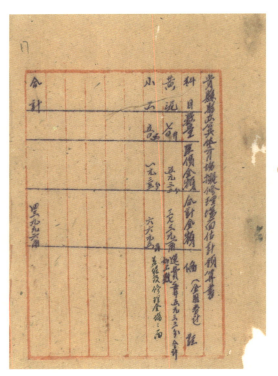

◉ 1948年10月，贵县县立体育场拟修理场面估计预算书（贵港市档案馆馆藏档案）

级中学、第二初级中学、达开初级中学、木格师范学校也都建有篮球场、排球场和沙池等，各乡村高小和小学设有简易的篮球场和沙池。

今日贵港

2016年6月21日上午8时30分，地级贵港市成立20周年之际，贵港市体育中心竣工启用仪式在体育中心正门前举行。至此，贵港人民有了属于自己的"高大上"的体育活动场所。

体育中心项目是地级贵港市成立以来投资最多、规模最大的文体设施项目，总投资8亿元，由主体育场、综合体育馆、游泳馆以及水上健身中心、观景平台等组成。建筑设计遵循时代精神

◎ 贵港市体育中心夜景（张庆杰摄）

和地方特色完美结合的原则，布局合理、功能完善、造型优美、气势恢宏，具有浓郁的"荷城荷香"贵港民俗特色和现代气息。

贵港市体育中心的启用，标志着贵港市具备了承办国内重大单项赛事和省级综合体育赛事专项比赛能力，对于完善公共服务、推动全民健身具有重大意义。

主体育场位于体育中心东地块北面，临近场地内部规划道路，建筑面积43988.99平方米。观众席共30239座。

综合体育馆位于体育中心西南侧，靠近荷城路，总建筑面积为19121.8平方米。观众座位数为5006座。

游泳馆位于贵港市体育中心中心西南面，靠近荷城路，综合体育馆和主体育场之间，由室外观景疏散平台连接。建筑总占地面积9560平方米，建筑面积17006.62平方米。观众容量为2996座。

贵港市体育中心项目在建设过程中斩获20多个奖项，其中主体育场钢结构获2015年中国钢结构金奖，该奖项是国内钢结构最高荣誉奖。

贵港市体育中心项目采用当前大型、复杂结构常用的三维深化设计，施工过程中使用工程大跨度异形管桁架吊装、卸载技术，尤其是大悬挑钢罩棚整体挠度控制得非常好，整体效果达到了广西建筑科学研究设计院所设计期望的荷叶边缘双曲流线型效果。专家评委最终打140分高分，居广西壮族自治区2015年度申报"中国钢结构金奖"四项工程之首。

31

体育事业蓬勃发展

　　民国时期，贵港体育事业初露头角。中华人民共和国成立后，贵港体育事业得到了长足发展。"发展体育运动，增强人民体质。"近年来，贵港体育事业蓬勃发展，市体育中心等公共体育基础设施逐渐完善，人均体育场地面积达到广西中等水平。体校合作办学的成功经验在广西全区推广，一批优秀体育后备人才脱颖而出。全民健身事业迈上新台阶，成功举办了中国健身名山平天山登山赛、国际马拉松赛等重大赛事。

历史截图

　　民国以来，贵县体育运动逐渐开展，县内体育竞赛及县体育代表队参加地区、省级和全国性的体育项目竞赛不断增多。

　　在篮球竞赛方面，1928年后，篮球竞赛在县内普遍开展。城区的紫水队、夜雨队、晶晶队及三塘、蒙公、香江、大圩、木格的球队经常举行友谊赛。1939年秋，县内举行"璇玑杯"篮球赛。1940年春举行"贡南杯"赛。1941年春举行"福康杯"赛。1942年夏举行

"凤屏杯"和"结文杯"赛，每次竞赛有七八个队参加，其中以贵城的友联队、香江乡的三友队、蒙公乡的蒙公队、大圩镇的飞呼队实力较强，友联队屡屡夺标，为著名强队。1941年，县篮球队参加专区举行的"寿文杯"篮球赛，夺得冠军。县政府组织队伍隆重欢迎代表队获奖归来，该活动气氛热烈，影响很大。

　　在运动会方面，1930年，县人邓志明代表中国参加在日本东京举行的远东运动会，获800米赛跑第一名和一些项

目的优胜奖。

1942年，贵县体育队参加梧州专区举办第三区体育运动会，荣获冠军，田径、游泳等其他项目也取得良好成绩。

1947年，贵县以80多人的体育队伍前往参加在郁林召开的第九区体育运动会。贵县队获女垒球、男跳远、标枪、男子1500米、3000米和10000米赛跑的第一名，获团体总分第二名。

1948年至1949年，先后有木梓区、覃塘区举办体育运动会。

在学校体育教育方面，体育课被定为中小学教育的一项重要课程。

1923年，陈勉恕任贵县中学校长时，在学校中普及现代体育技术，并首次在县内举办中学生体育运动会。

1926年后，县人黄超、林伯均、罗一伍、彭寿昌等人陆续从上海体育专科等体校毕业回贵县任教体育课，他们在中小学教授篮球、排球、足球、田径、铅球、体操、游泳、标枪等现代体育课目。各中学和各区中心校相继建立了简易的篮球场、排球场、沙池、双单杠、垫子、跨栏、跳箱、木马等体育设施。学校培养出来的体育技术人才，促进了社会体育活动的开展。当年，乡间广大村小学校，都有一个数十平方米的简易操场，有的多设一个沙池，但设备简陋，无专职体育教师。

1945年以后，现代体育项目遍传各校，县城中小学校的体育竞赛带动了农村学校篮球、田径、乒乓球竞赛活动的开展。学校招收新生，对体育尖子优先录取。

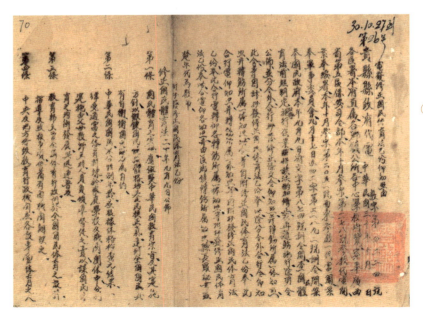

1941年10月，贵县政府关于电发修正国民体育法的通知（贵港市档案馆馆藏档案）

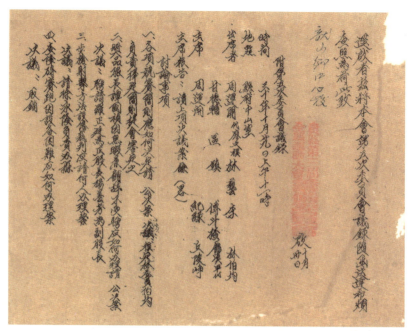

⊙ 1941年10月，贵县第三届全县运动大会筹备委员会关于函送筹
委会第五次委员会议录的函（贵港市档案馆馆藏档案）

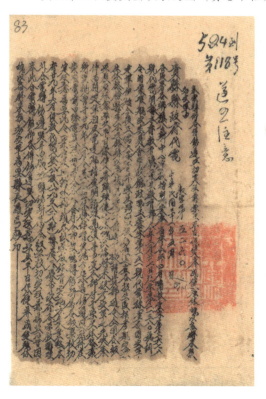

⊙ 1942年5月，贵县
政府电发关于切实
注意学生平日保健，
养成强健体魄，以
备将来报效空军的
通知
（贵港市档案馆馆
藏档案）

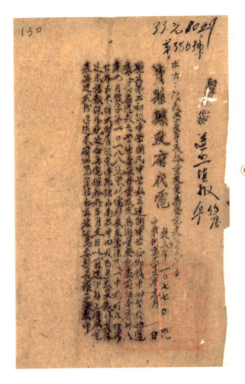

● 1944年1月，贵县政府关于催报学生身长、体重及坐高登记表的通知
（贵港市档案馆馆藏档案）

今日贵港

中华人民共和国成立后，特别是地级贵港市成立以来，在"发展体育运动，增强人民体质"方针以及"健康中国"战略的指引下，贵港市的体育工作取得了重大成就。

在体育设施建设方面，总投资8亿元、占地350亩、建筑面积9万多平方米的贵港市体育中心经过4年多的建设，于2016年6月21日竣工投入使用。该项目是地级贵港市成立以来投资最多、规模最大的文体设施项目，包括主体育场、综合体育馆和游泳馆3大场馆，室外建有包含6个网球场馆、4个篮球场、3个5人制足球场、2个沙地排球场地、环中心健身步道（路径）等场地设施的大型全民健身广场，以及连接三大场馆的景观平台和相关配套设施。

除兴建体育中心外，贵港市不断加大投入，建设乡镇体育基础设施。截至2013年底，全市符合第六次全国体育场地普查要求的各类体育场地 7480 个，场地面积约 369 万平方米，人均场地面积 0.87 平方米。与"五普"数据相比，全市体育场地数量增加 3570 个，体育场地面积增加约 108 万平方米，体育场用地面积增加约 177 万平方米，人均体育用地面积增加 0.22 平方米。同时，贵港市利用体育彩票公益金建成了一大批全民健身路径，增加群众健身机会，提高体育人口数量；为农村修建了大批篮球场地，改善了农村体育活动条件，推动了体育活动在农村的开展。

在全民健身方面，贵港市坚持以大力贯彻实施《全民健身计划纲要》《全民健身条例》为总抓手，以构建和完善亲民、便民、利民的全民健身体系为主要内容，以开展全民健身活动周（月）和举办体育节为载体，以节假日体育和特色、品牌赛事为突破口，广泛组织和积极引导全市各族人民投身全民健身事业。全市各级组织开展的各类群众性体育活动或比赛年均超过 250 项次，直接参与人数达 10 万多人次；经常参加体育活动的人数达 160 多万人，约占全市总人口的 30% 以上；有 4 个乡镇荣获全国"亿万农民健身活动"先进乡镇称号；全市开设有各类体育辅导或活动站点 4000 多个，青少年体育俱乐部 5 个，自

⊙　地级贵港市第一届运动会开幕式（樊超龙摄）

治区级传统体育项目学校7间，各级社会体育指导员3000多人，市本级已成立有各单项体育协会7个。项目涉及龙舟赛、醒狮赛、环城长跑赛、气排球、篮球、羽毛球、足球、乒乓球、门球、钓鱼、健身操等，项目众多，内容丰富，基本上做到周周有活动，月月有比赛。

在学校体育教育方面，贵港市体育局主动与教育部门沟通协调，大力推进体校与中小学校合作办学，增强学生体质，培养体育后备人才，并积极组织体校学生参加广西全区青少年锦标赛等重大赛事，在游泳、武术套路、田径、摔跤、跆拳道等项目上取得较好成绩。

在品牌、特色赛事方面，贵港市成功举办了中国—东盟狮王争霸赛、珠江—西江（贵港）越野车场地竞技邀请赛、中国足球民间争霸赛、中国健身名山登山赛、"奔跑中国"贵港国际马拉松赛、中国汽车（房车）露营大会等。这些赛事为贵港与东盟各国、各地区、各兄弟城市架起了加深友谊、共谋发展的桥梁。

在竞技体育方面，贵港市不断调整项目结构，完善项目布局，加强优秀运动队训练基地和配套设施建设，在改善科研条件的基础上，不断完善体育后备人才训练网络，竞技体育实力明显提升。地级贵港市成立以来，全市运动员在区内外重大比赛中共获得183枚金牌，181枚银牌，152枚铜牌。

2007年，贵港市被自治区体育局评为"第十五届亚运会突出贡献单位"，贵港市业余体育学校被国家体育总局命名为国家举重高水平后备人才训练基地。截至2016年，全市拥有业余体校5所，训练项目13项，在训运动员人数约1500人。

32

义务教育走向均衡化

　　民国时期，贵港的教育在战火中艰难发展。中华人民共和国成立后，广大教师、学生有了和平安宁的学习环境。十年树木，百年树人。贵港市委、市政府始终把教育摆在优先发展的战略地位，坚持"优先发展、育人为本、改革创新、促进公平、提高质量"的工作方针，大力实施学前教育普及普惠工程、义务教育优质均衡发展工程、普通高中突破发展工程、现代职业教育加快发展工程、高等学校圆梦工程、教育开放发展工程、教师队伍增量提质工程、教育信息化推进工程。这"八大工程"涉及扩大教育资源总量、优化教育结构、提升教育质量、促进教育公平等各个方面。

历史截图

　　贵县的幼儿教育事业，始于民国十五年（1926年），由贵县人林素女士主办的城厢区立第一初级小学附设幼稚园。民国二十三年（1934年）春，成立县立幼稚园，园址在县前街参议会东侧，初招3个班，共90人。

　　民国二十四年（1935年），樟木中心校办两个幼稚班，共60人，覃塘、木梓等中心国民基础学校开始附设幼稚班。

　　民国二十七年（1938年）上半年，中共地下党组织，在县立幼稚园建立党小组。

　　民国二十八年（1939年），时值抗战，因经费无着，贵县指令城乡幼稚园暂行停办。县立幼稚园到民国三十年（1941年）春复办。民国二十七年（1938年）和三十四年（1945年），县立幼稚园两次被日本飞机轰炸，夷为平地。

民国三十五年（1946年）秋，县立幼稚园迁至县城西街敬先堂附近，招4个班189人。

民国三十六年（1947年），县基督教会于榕兴街创办信爱小学，同时附设幼稚园，招生3个班，共100人。

1949年，贵县解放前夕，乡村幼儿园停办，只留县幼儿园4个班，教师4人，园主任1人，幼儿生189人，其中女生84人。

小学教育方面，民国十三年（1924年），贵县推行新学制，民众重教兴学，用寺庙改建学校，以公产或以募捐所得，或以税捐收入作为办学基金，小学教育快速发展。民国十八年（1929年），经核定立案的小学有140所，在校学生7635人。至民国二十二年（1933年），县内小学数量增加到288所，学生17950人。桥圩东津有小学66所，木梓、思怀、樟木、振南四个乡共有40所，发展很不平衡。全县874个村街中，办小学的村街有288个，占33%。学龄儿童57784人，入学的17616人，占学龄儿童总数的30.5%。

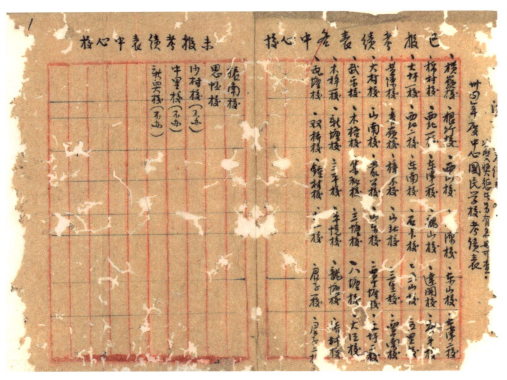

◉ 1945年度，贵县中心国民学校考绩表（贵港市档案馆馆藏档案）

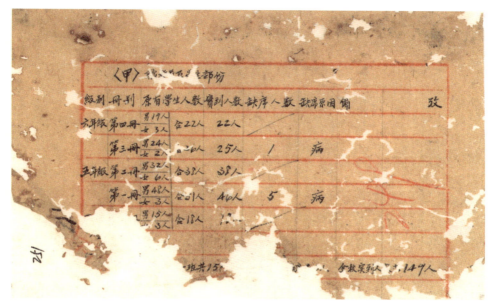

1948年度上学期，贵县各级国民学校概况调查表（学生部分，节选）
（贵港市档案馆馆藏档案）

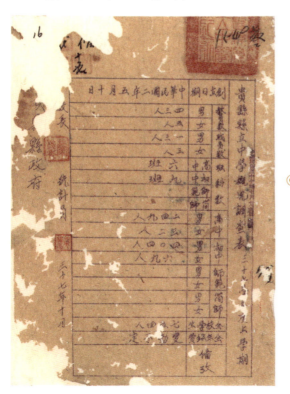

1948年度上学期，贵县县立中学概况表
（贵港市档案馆馆藏档案）

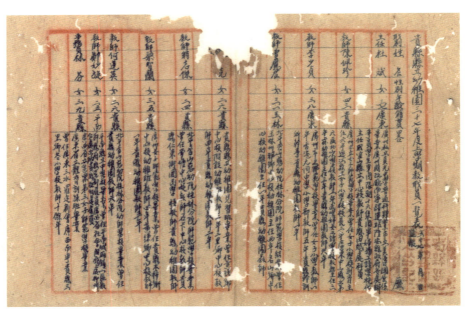

　　1948年度上学期，贵县县立幼稚园教职员一览表
　　（贵港市档案馆馆藏档案）

　　民国二十三年（1934年）秋，推行国民基础教育运动，各乡村街纷纷办起国民基础学校。民国二十四年（1935年），全县58个乡镇，就有57个办起了中心国民基础学校，每个村（街）设置国民基础学校1所，有国民基础学校636所，全县共办国民基础学校693所，在校学生40887人。此后几年，全县小学持续发展，民国二十八年（1939年），小学数量增加到933所，在校学生达到95766人，是民国时期小学教育发展水平最高的一年。民国二十九年（1940年），国民基础学校改称国民学校。

　　民国三十三年（1944年）11月，日军入侵贵县，绝大部分小学停课。沦陷期间，不少校舍财产受到破坏劫掠。尤其是北岸及沿江各乡镇中心校，如东津、桥圩、八塘、贵城、覃塘、石龙（今东龙）等乡镇小学，损失尤为惨重，给学校复课造成极大困难。直至民国三十五年（1946年）春，全县小学才全部复课。当年，全县各级小学有699所，在校学生33818人。国内战争时期，由于政局不稳，社会秩序混乱，办学经费困难，小学教育陷于困境，停滞不前。

　　中学教育方面，民国二年（1913年），贵县高等小学堂改办贵县中学，是贵县创办的第一所中学，甘修已任校长，校址在贵城西街。当年，开始招生

2个班，学制4年，是为新学制中学之始。民国二十一年（1932年）2月，学校从十二班起招收女生，开男女同校同班之先河。

民国二十八年（1939年），县城遭日本飞机轰炸，贵县中学迁至北东乡（今山北）尚龙岩上课。民国三十年（1941年）春，迁回原址。同年，改为贵县第一初级中学。

民国三十二年（1943年），在东湖北畔征地60多亩筹建高中部校舍，翌年秋，建成招收高中新生三班，成为完全中学，改校名为贵县县立中学。

20世纪40年代，贵县先后在木格圩、覃塘圩和樟木圩增办3所中学。民国二十九年（1940年），在木格筹办县立国民中学，翌年春，招生上课，民国三十四年（1945年）停办国中班，改招初中班和简师班，校名改为贵县县立简易师范学校。民国三十一年（1942年）春，在覃塘圩西侧3公里的福寿寺创办第二初级中学，当年招收3个班，民国三十三年（1944年）秋，改称贵县第一初级中学。同年，在樟木圩创办贵县县立简易师范学校，招收四年制简师班3个班，一年制简师科1个班，同年冬，日本军入侵贵县，学校停办，次年光复仍未复课，学生转到木格贵县简易师范就读。民国三十六年（1947年）秋，学校复办，改招初中班，改称贵县县立第二初级中学。

今日贵港

据档案记载，2016年，贵港市有各级各类学校2200所，专任教师4.96万人，在校学生104.7万人。

其中，注册幼儿园902所（公办116所，民办786所），专任教师0.62万人，在园幼儿20.5万人，学前三年毛入学率83%。

普通小学1065所，教学点752个，专任教师2.24万人，在校学生45.03万人。

初中（九年一贯制）164所，专任教师1.39万人，在校学生22.58万人。

普通高中55所（广西示范高中11所），专任教师7063人，在校学生11.8万人。

特殊教育学校3所，专任教师35人，在校学生271人。

中等职业学校11所，专任教师

1328人，在校学生4.75万人（全日制在校生2.51万人，成人在职学生2.24万人）。

如今贵港的教育，正在加快改革步伐，朝着义务教育均衡化的方向稳步向前发展。

贵港市统筹推进城乡义务教育一体化改革发展，按照"四统一"的要求，即学校建设标准统一、生均公用经费标准统一、教师配备标准统一、学校装备标准统一，着力提升乡村学校办学水平，义务教育均衡发展稳步推进。

不断加大教育投入，全面提升学校建设水平。出台了《贵港市关于进一步

完善城乡义务教育经费保障机制的实施方案》，通过建立教育经费保障机制，多渠道筹集资金，保障教育建设投入，积极改善义务教育学校办学条件。

据统计，2015年至2018年，全市义务教育学校建设总投入285540万元，实施土建项目2259个，建设校舍面积141.2万平方米；投入57400万元购置设施设备，累计购置仪器设备24780307台（件、套、册），各类教学仪器设备和体音美器材得到补充完善。全市中小学设备设施建设发生翻天覆地的变化，校容校貌焕然一新。

实施学校布局调整，优化义务教育

⦿ 荷城中学外景（张庆杰摄）

资源。制定了《贵港市中小学布局调整规划》，按小学教学点向村小集中、初中向乡镇政府所在地集中，农村以撤并校点扩大办学规模，城区以增建学校化解大班额的工作思路，在居住分散的地方建设寄宿小学，对规模小的学校实行撤并或学段调整。截至 2018 年，全市撤并小学 146 所、初中 21 所，停办了一批规模小、办学效益低的小学教学点和初中校点，学校布局结构和教育资源得到了优化。

加强中心城区学校建设，破解上学难和大班额问题。近年来，贵港市政府安排城区学校建设经费 24.96 亿元，在市中心城区新建 4 所初中、16 所小学，扩建城区小学、初中、高中 14 所。随着新建和扩建学校的投入使用，市中心城区上学难问题基本得到解决，大班额问题也得到有效化解。

据统计，2016 年以来，贵港市共消除义务教育 66 人以上的超大班额班级 2277 个，大班额比例由原来的 21.9% 下降到 11%，超大班额比例由原来的 15% 下降到 5.6%，56 人以上的班数比例和 66 人以上的班数比例均低于广西全区平均值，全市控制义务教育大班额取得了显著成效。

随着基础教育的稳步发展，贵港市普通高考报名人数连续多年增长。2017 年，全市普通高考报名人数为 41425 人。2018 年，全市参加高考的考生 42102 人。

33

优化教育教学资源配置

　　民国末期，贵港教育发展停滞，教师大幅减员。中华人民共和国成立后，贵港的教育工作者迎来了明媚的春天。重教兴学，利在千秋。当前，贵港市正在实施教师队伍增量提质工程，主要内容有：深化教师管理综合改革，通过核定编制、特岗计划、政府购买服务等方式逐步配齐中小学和公办幼儿园教师；推行义务教育教师"县管校聘"试点，推进义务教育校长、教师交流等方面改革；提高师德师风水平、业务能力和待遇。

历史截图

　　民国十九年（1930年），贵县全县有中小学教师390人。其中，中学教师32人，小学教师358人。民国二十三年（1934年）秋，贵县推行国民基础教育，各乡镇设立国民基础学校，教师人数迅速增加。民国三十一年（1942年），全县中小学教职工达2714人。其中，中学136人，小学2578人，是民国时期小学教师最多的一年。

　　民国三十三年（1944年），日军入侵贵县，学校停课，师生避难。光复后，虽然复课，但因内战压缩教育经费，教育发展停滞，教师不断在减少。到民国三十七年（1948年），全县中小学教职工仅1799人，比1942年减少915人。

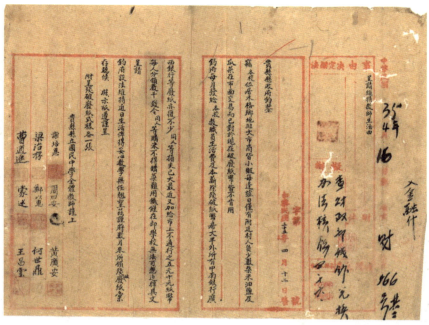

○ 1946年4月，贵县县立国民中学全体教师关于呈请维持教师生活的
报告。其中提到由于纸币贬值、无法交易流通等原因，导致教师生
活困难，无法安心教学，恳请政府解决教师生活问题
（贵港市档案馆馆藏档案）

今日贵港

百年大计，教育为本。

近年来，贵港市委、市政府始终把教育摆在优先发展的战略地位，始终把教育作为最长远的民生，始终把教育作为加快发展的治本之策，持续加大教育投入，加强教师队伍建设，全市教育教学质量节节攀升，城乡义务教育均衡化发展年年进步。近三年来，财政投入教育项目建设40.55亿元，新建、改扩建学校3724所，办学条件不断改善；扩大对外交流合作，招商引学35亿元，落户开工广西物流职业技术学院和广西工业学院，贵港人民的大学梦如愿起航；不断强化教育教学管理，高考一本录取人数在全区排名前列；优化教育教学资源配置，各级各类教育呈现快速、

◉　在平南县马练乡北胜小学，老师正在给孩子们上课（张庆杰摄）

健康、协调发展的良好态势，教育现代化目标迈出了坚实步伐。

在教师培训方面，贵港市切实落实自治区中小学校教师培训经费的政策规定，积极创新培训模式，继续教育经费由本级财政安排，专项经费拨付标准不低于中小学教师工资总额2%，并在地方教育事业费中专项列支。中小学按照不低于年度公用经费预算总额5%安排教师培训经费。贵港市教育局还建立教师培训专项经费管理机制和制度，明确经费使用范围，强化专项经费管理，严格执行国家财政资金管理法律制度和财经纪律。加强经费使用审计监督，完善项目预决算，严格经费报销，确保专款专用和资金使用规范、安全、有效。

在工资待遇方面，贵港市严格落实中央有关政策，完善教师待遇保障机制，健全教师工资长效联动机制，提高乡村教师待遇，落实贫困地区教师的补贴政策。据档案记载，2016年，贵港市全年发放偏远艰苦地区教师补助686.9万元，使2872名教师受益。

34

新时代的知识宝库和文献中心

　　民国时期，贵港的公共文化事业起步晚、发展慢，图书馆和藏书是远远无法满足人民需求。中华人民共和国成立后，贵港的公共文化设施逐步完善，稳步发展。贵港市图书馆自2012年建成对外开放后，2013年即被评为国家一级图书馆，并于2018年再次被评定为国家一级图书馆。目前，各种公益讲座、专题阅读、艺术展览、科普教育活动，已成为贵港市图书馆的常态化活动，极大地丰富了市民的精神生活。

历史截图

　　贵县图书馆始建于民国二十年（1931年），馆址在县城西街城守署旧址，名为贵县通俗图书馆，每年经费1800元，由教育局拨支。其中购书费1200元，办公费600元。图书馆有图书管理人员1人，藏书1300册。民国二十二年（1933年），馆址迁至民众教育馆（原中山纪念堂旧址），藏书2737册。民国二十三年（1934年）改称为贵县图书馆，馆址设在同福堂，后迁至中山公园（今东湖公园）内。同时，教育局在县城西街、东门街、圩心街、镇龙街、城下街及桥圩、木格、覃塘、东龙、大圩、横岭、东津、香江、黄练、樟木、龙山、棉村、钟村、木梓、三里、山北、桂贵石龙（今石龙）等处设立22个阅报室。后来，由于战乱，图书馆处于停顿状态，直至1949年。

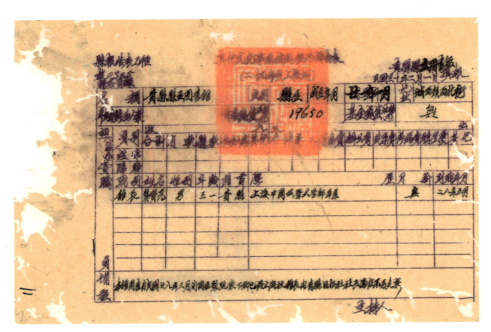

◉　　1940年，贵县县立图书馆报告表（贵港市档案馆馆藏档案）

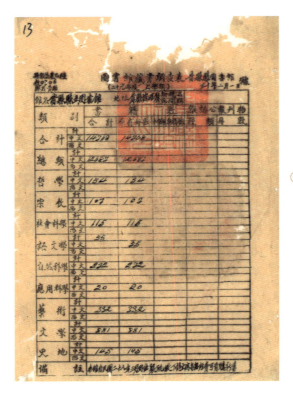

◉　1940年上学期，贵县县立
　　图书馆藏书调查表
　　（贵港市档案馆馆藏档案）

今日贵港

1996年，贵港市图书馆馆址位于市公园路，馆舍面积1536平方米，馆藏量约8万册，人员编制14人。

2008年，市委、市政府作出贵港市图书馆新馆建设规划，列入自治区统筹推进的重大项目。2010年4月开工建设，2012年12月建成并对外开放。

贵港市图书馆新馆位于民主路与文华街交会处，总建筑面积11149平方米，馆藏量43万余册，人员编制20人。

服务项目有咨询、阅览、图书借还、公益讲座、展览、培训、基层业务辅导、馆外免费流动服务等。2012年，该馆被列入广西市级图书馆第一批数字图书馆建设单位，共享全国文化信息资源；2013年，被文化部评为一级图书馆。

2014至2017年，贵港市年均投入250万元用于图书报刊购置及图书数字化建设。

为提高市图书馆整体服务水平，方

◉　贵港市图书馆外景（樊超龙摄）

便广大读者借阅，贵港市每年投入130万元专项资金购买服务，保障该馆对外服务窗口全部开放。如今，除办证和地方文献外，其余对外服务窗口实现每天连续12小时开放，开放时间保持72小时/周。

此外，贵港市每年投入50万元用于保障图书馆免费对外开放及开展各类读者活动，丰富群众精神文化生活。随着公共图书馆事业的迅速发展，贵港市图书馆将逐步成为贵港市知识宝库和文献中心。

35

广播电视加快深度融合

　　民国时期，对贵港人民来说，收音机无异于"世外奇物"。如今，人民电台的电波早已"飞入寻常百姓家"。在媒体加快融合的新时代，贵港广播电视台在广西地级台率先启用IP无压缩虚拟化融合播出系统，实现电视播出画面由"标清"向"高清"质的转变，同时积极探索广播节目二次传播路径，对广播播出系统进行"可视化"升级。贵港广播电视台启动市广播电视中心演播大厅建设工程，为在融媒体时代下讲好贵港故事、传播好贵港声音提供优质平台。

历史截图

　　1924年1月23日晚8点，中国第一家广播电台在上海开播，轰动全上海。此后短短几天，上海售出无线电接收机约500台。

　　在通信落后的年代，收音机是稀有和贵重的物品。据档案记载，民国时期，贵县仅有外国进口的收音机6台，只有官员和富豪才有条件使用。

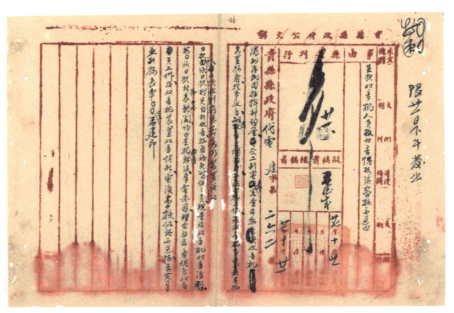

1938年10月，关于贵县县政府现无收音机员及收音装置收音情形的报告（贵港市档案馆馆藏档案）

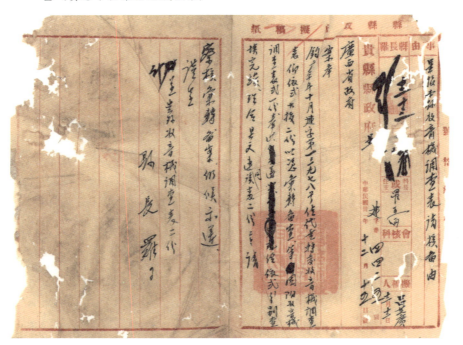

1942年12月，贵县政府关于呈报收音机调查表的报告（贵港市档案馆馆藏档案）

今日贵港

直到20世纪六七十年代，收音机仍然是生活富裕的标志。人们梦寐以求的"三转一响"中的"一响"，指的就是收音机。

如今，广播电视早已飞入寻常百姓家，"村村通"广播电视工程正全面推进。据档案资料记载，截至2016年底，贵港市有线广播电视传输干线网络总长达到6268.32公里，72个乡镇全部完成广播电视光纤联网建设。

当前，贵港市的广播电视事业正朝着媒体深度融合的方向发展，大力开展"广电+"媒体融合创新工作，拓宽综合制播、海量存储和多媒体分发平台。

广播电视的大变革，已经拉开帷幕。

◉　贵港广播电台直播间（潘金强摄）

36

从《贵县日报》到《贵港日报》

　　民国时期，国民党的《贵县日报》是统治当局愚弄人民的工具。中华人民共和国成立后，党报从无到有，逐渐发展壮大。如今，《贵港日报》已成为联系党和人民之间的桥梁。当前，全媒体不断发展，出现了全程媒体、全息媒体、全员媒体、全效媒体，信息无处不在、无所不及、无人不用，导致舆论生态、媒体格局、传播方式发生深刻变化，新闻舆论工作面临新的挑战。贵港日报社面对新形势、新挑战，主动出击，加快了全媒体矩阵的建设步伐。

历史截图

　　1937年8月1日，国民党贵县县党部主办的《贵县日报》创刊。报社有简陋印刷厂。每日出一期，四开四版，日发行量2000份。1949年12月4日贵县解放，该报终刊。

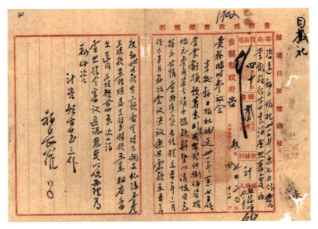

◉ 贵县政府关于咨送贵县日报社1942年1至7月份营业亏损预算书的函，其中提到《贵县日报》营业亏损情况"查尚属实"（贵港市档案馆馆藏档案）

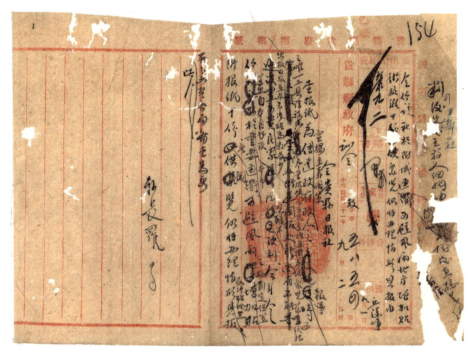

◉　1942年9月，贵县政府关于贵县日报社于附城通衢可避风雨地方增加贴报纸的批复（贵港市档案馆馆藏档案）

今日贵港

今天的《贵港日报》，是中共贵港市委机关报，是党和人民的喉舌。

截至2018年11月，《贵港日报》日发行量超5万份，报社全媒体矩阵粉丝数超50万。现有干部职工共112人，有中共党员50人。

在市委、市委宣传部的关怀指导下，贵港日报社坚持以习近平新时代中国特色社会主义思想和党的十九大精神为指引，牢记"举旗帜、聚民心、育新人、兴文化、展形象"的使命任务，紧紧围绕"提升影响力和提升经营力"，以"融合发展年""转型升级年"和"制度完善年"为抓手，加快推进传统媒体和新兴媒体融合改革，以及非报业务多元化经营改革，取得了明显成效。

一是改革学习培训制度，坚持党报姓党，夯实政治家办报思想基础。贵港日报社坚持以党建为引领，制定完善了相关学习培训制度，建设了规范化的党员活动室；社党支部创新党建载体，开展"学习社"活动，定期举办"学习汇"和"学习社大课堂"，坚持开展马克思主义新闻观教育，干部职工进一步增强了"四个意识"，坚定了"四个自信"，牢固树立了政治家办报的理念。

二是改革"三重大"报道制度，牢记使命任务，在围绕中心服务大局中找准宣传坐标定位。贵港日报社认真贯彻落实习近平总书记对新闻舆论工作的48字方针，唱响主旋律，打好主动仗。为更精准地服务好市委、市

政府重大会议、重大活动、重大部署等"三重大"报道，报社建立完善了相关采编工作例会制度，进一步规范"三重大"报道，并通过报纸、网站、微信、直播等全媒体方式开展"组合拳"宣传，在社会上产生了较大影响力和引导力。

三是改革媒体融合模式，积极开拓创新，提升党媒的影响力和传播力。贵港日报社围绕"导向为本、内容为王、视觉优先、注重效益"的思路推进报纸版面改革、传统媒体和新兴媒体深度融合改革，成立了新闻媒体深度融合发展改革领导小组，制定出台了一系列推动

◉ 《贵港日报》"红色悦读站"阅报栏（梁春梅摄）

深度融合改革的文件。

　　目前，报社已初步形成了"《贵港日报》+贵港新闻网+网络问政平台+贵港宣传微信号（头条号）+现场云直播+贵港日报抖音+红色悦读站户外宣传屏"的宣传矩阵。报社还与新华社签约，创新开通新华社现场云直播，不足三个月即获得了新华社现场云直播全国"优秀组织奖"，这是迄今为止贵港市在新媒体领域荣获的最高级别奖项。

　　贵港日报社在广西率先启动建设"红色悦读站"党报阅报栏，使人流量较大的公共场所成为传播先进思想和先进文化的阵地。报社创办贵港日报社"同心圆网友俱乐部""摄影俱乐部""文学爱好者俱乐部""新闻通讯员俱乐部"，策划开展"网眼看贵港""摄影进万家·温暖全家福"等一系列接地气、动心弦的公益活动，引导本地网络名人、摄影家、文学爱好者、新闻通讯员等与市委、市政府在思想上同心同德、目标上同心同向、行动上同心同行。

　　此外，贵港日报社还围绕"不止于报纸、不限于贵港"的思路，积极加强对外宣传合作，加入粤桂琼十一市报业联盟，同时与新华社、人民网、新浪等30多家中央、自治区级主流媒体以及宁铁动车媒体建立了战略合作关系，贵港日报社的影响力辐射到广西区内外乃至全国。

　　四是改革经营模式，主动应对报纸广告下滑困境。2018年，贵港日报社出资成立广西贵港日报文化传媒有限公司，以报社公司为载体拓展其他业务，成功策划并承办了一系列外宣、展览、政企形象包装、文化学术交流活动，取得了良好的社会效益和经济效益。在贵港市"创森"工作中，报社和报社公司作为"创森"宣传战略合作伙伴，积极参与、主动作为，高水准全方位策划包装创森宣传，助推我市顺利获得"国家森林城市"荣誉。

　　贵港日报社将进一步加大改革创新力度，持续拓展意识形态阵地，讲好贵港故事，传播好贵港声音，为加快建成西江流域核心港口和战略性新兴产业城，打造新时代实力、活力、魅力、给力"四力"新贵港作出更大的贡献。

37

贵港作家有了"作家之家"

民国时期，作家是松散、自由的个体。中华人民共和国成立后，作家有了作家协会。作家协会是党和政府联系广大作家、文学工作者的桥梁和纽带，是繁荣文学事业、加强社会主义精神文明建设的重要社会力量。当前，贵港作家坚持以人民为中心的创作导向，朝气蓬勃，努力创作，朝着胸中有大义、心里有人民、肩头有责任、笔下有乾坤的目标奋进。

历史截图

民国时期，从贵县走出去的作家、学者有罗尔纲、陈此生、梁岵庐、莎红等。其中，陈此生1933年参加左翼作家联盟，莎红于中华人民共和国成立后，加入中国作家协会。

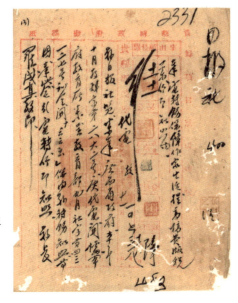

◉ 1943年11月，贵县政府关于转饬保障作家生活、提高稿费版税的通知
（贵港市档案馆馆藏档案）

今日贵港

今天的贵港作家，有了自己的组织——贵港市作家协会，作家协会是文联下属的人民文艺团体。作家的社会地位和生活待遇，已经大大提高了。

近年来，贵港市作家协会在市委、市政府的指引下，在市文联的直接领导下，开展了一系列丰富多彩的创作、采风、读书活动，取得了良好的社会效果。

围绕中心，服务大局。贵港市作协紧紧围绕市委、市政府的中心工作，积极组织作家进行采风，为宣传贵港、提升贵港的知名度和美誉度而不懈努力。比如园博园开园，市作协组织了"园博园采风"活动，作家们写了大量有关园博园和贵港历史的文章在各级媒体发表。

第32届全国荷花展览期间，贵港市作协承办了组委会交办的"百名文化名家代言全国荷花展"项目，走访了118名在各个领域具有较高成就的文化名家为全国荷花展览做宣传，其中有北京大学、清华大学、中央民族大学的教授，也有全国著名的作家、美术家、书法家、摄影家、朗诵艺术家等等。"百名文化名家代言全国荷花展"项目，在国内甚至国外产生了巨大反响，在由自治区党委宣传部主办的全区基层文艺骨干培训班上，被广西社科院教授作为经典案例进行授课。

潜心创作，打造精品。近年来，贵港作家埋头创作，写出了一大批高质量的作品在各级媒体发表，并获得各种荣誉。特别是在由自治区党委宣传部、区文联主办的纪念改革开放40周年、自治区成立60周年文学歌曲创作征集活动中，贵港作家共有9件作品获奖，是全区获奖作品较多的地市之一。其中1件获得诗歌一等奖，2件获得小说二等奖。此外，贵港作家还有多篇作品入选大型系列作品集《文学桂军20年》，并有多个项目荣获广西文联、作协扶持，呈现出了良好的创作势头。

发掘新人，奖励先进。为了发现和培养文学创作新人，贵港市作家协会创立了"布山文学奖"并举行颁奖典礼，在社会上引起了高度关注。目前，贵港市80后、90后的年轻作家正在逐步增多。

◉　贵港作家创作基地挂牌仪式（谭晓军摄）

加强交流，提升品位。在由贵港市委宣传部，贵港市文新广局，贵港市社会科学界联合会，贵港市文联等单位、部门主办的"分享阅读　放飞梦想"贵港市百场读书分享会中，贵港市作协不但积极派出本土作家担任读书主讲嘉宾，而且从市外、区外请了大批著名作家前来参与活动，极大地扩大了百场读书分享会的影响力。

贵港市作协还承办了广西第二届"花山诗会"暨第十四期广西青年文学讲习班。本届花山诗会和讲习班，名家众多，其中鲁迅文学奖得主就有3人，著名诗人、作家近60人。人民网、中国诗歌网、新浪网、广西文联网、当代广西网等众多媒体纷纷报道活动盛况，进一步提升了贵港的知名度和美誉度。

贵港作家将以习近平总书记在文艺工作座谈会上的讲话精神为指引，坚持以人民为中心的导向，做到胸中有大义、心里有人民、肩头有责任、笔下有乾坤，创作出更多更好的文学作品，为时代和人民鼓与呼。

38

档案事业服务经济社会发展

　　民国时期，贵港档案管理工作没有受到应有的重视。中华人民共和国成立后，档案管理成为国家档案事业最基本的组成部分，档案收集、档案整理、档案价值鉴定、档案保管、档案编目和档案检索、档案统计、档案编辑和研究、档案提供利用等工作，在经济社会发展的过程中，日益彰显出重要作用。

历史截图

　　民国时期，贵县档案没有得到妥善管理。

　　中华人民共和国成立后，1958年12月1日，建立贵县档案馆。1959年5月2日，县人民委员会成立档案科。1959年9月16日，广西自治区档案局在贵县召开档案现场会议，介绍和推广贵县档案馆的管理档案经验。当年，贵县档案馆被评为广西全区和全国档案管理先进单位。

◉ 民国时期《广西贵县兵要地志》调查表封面（贵港市档案馆馆藏）

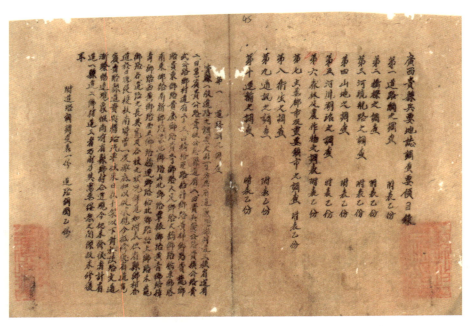

◉　《广西贵县兵要地志》调查表目录（贵港市档案馆馆藏档案）

今日贵港

民国档案是贵港市档案馆馆藏国家重点档案，该档案是 1980 年从贵县公安局接收进馆，总数为 4061 卷，刚接收时档案受损严重，虫蛀达 70%，4011 卷急需抢救。

从 1994 年到"十二五"期间，贵港市档案馆先后两次开展民国档案抢救和保护工作，到 2012 年底，全部完成馆藏所有民国档案抢救和保护工作，到 2017 年底，全部完成民国档案目录采集工作，共完成民国档案卷内目录数据

采集 95773 条，目前正在进行数字化处理。

贵港市档案馆的民国档案形成于 1920 年至 1949 年。内容涉及民国时期贵县政务、军事、民政、司法、警务、社团、财政、交通、文教、党务等方面内容，涵盖了民国时期贵港政治、经济、文化、军事、教育、水利、土地、建设等，从不同侧面反映了民国时期贵港的社会状况，内容丰富，材料翔实，是国民党贵县政府实施国家

统治意志过程的真实写照，也是抗战时期日军烧杀抢掠和敌机轰炸给贵县造成巨大人员伤亡和财产损失的详细记录。这些重点档案对研究贵港近代史具有重要意义。

档案工作肩负着"记录历史、传承文明、服务社会、造福人民"的重大使命，档案事业是党和国家各项事业的重要组成部分，是各级党委、政府带领人民群众开展各项工作的真实记录，是一个地区经济社会发展水平和文明程度的重要标志，也是以史为鉴，促进各项工作有序开展的重要基础。

"栉风沐雨六十载，荷城兰台展新篇。"广西壮族自治区成立60年来，特别是改革开放40年来，贵港的档案工作和档案事业稳步、健康、有序发展，逐步迈上了法治化、制度化、规范化、科学化的道路，档案馆基础设施建设、档案业务管理、档案资源建设、档案编研利用、档案信息化建设、档案安全保护以及档案法规、宣传等各方面工作全面推进。

在习近平新时代中国特色社会主义思想指引下，档案正在成为记录贵港历史、传承贵港文明、服务贵港经济社会发展、造福贵港人民的重要公共服务资源。

⊙ 贵港市档案馆外景（张庆杰摄）

后 记

　　为了庆祝改革开放40周年、广西壮族自治区成立60周年以及中华人民共和国成立70周年，我们特此编撰《沧桑巨变——中华人民共和国成立前后贵港社会发展对比》一书。

　　本书通过"历史截图"和"今日贵港"两个部分的对比，直观地反映出中华人民共和国成立后，尤其是改革开放以来，贵港经济社会发展所取得的巨大成就，激励人们牢固树立"四个意识"，切实增强"四个自信"，坚决做到"两个维护"，从而以更加饱满的热情，投身到打造新时代实力、活力、魅力、给力"四力"新贵港的火热实践之中，为加快建成西江流域核心港口和战略性新兴产业城，实现中华民族伟大复兴中国梦而贡献智慧和力量。

　　本书选录的贵港市档案馆馆藏民国档案，均为首次向读者公开，具有较强的历史意义和现实意义。

　　本书在编撰过程中，参考了诸多他人的研究成果，包括大量历史档案、地方史志以及新闻报道等资料，在此一并致谢。

贵港市档案馆

2018年12月